阿育王时代的印度佛塔

桑奇遗迹

[英] 约翰·休伯特·马歇尔 著

马兆民 译

SANGQIYIJI

AYUWANGSHIDAIDEYINDUFOTA

这本书的目的是为了完整地、全面地、详细地介绍著名的桑奇佛塔群。这些佛塔虽然已经被世人们所熟知一个多世纪，但就目前为止，还没有一本能够详细、准确介绍它的出版资料。

人们迫切需要这么一本相关书籍，且不说这里的其他遗迹，单单桑奇舍利塔，凭借其具象的和装饰性的雕刻，就已经被人们广泛认可为早期印度佛塔中最有研究价值和启发意义，最为壮观，保存最完好的佛塔建筑。

敦煌文艺出版社

图书在版编目（CIP）数据

桑奇遗迹 : 阿育王时代的印度佛塔 /（英）约翰·
休伯特·马歇尔著 ; 马兆民译.—— 兰州 : 敦煌文艺出
版社，2017.8（2021.9重印）
ISBN 978-7-5468-1370-7

Ⅰ.①桑… Ⅱ.①约… ②马… Ⅲ.①佛塔—研究—
印度—古代　Ⅳ.①K935.17

中国版本图书馆CIP数据核字(2017)第199363号

桑奇遗迹:阿育王时代的印度佛塔

〔英〕约翰·休伯特·马歇尔　著

马兆民　译

责任编辑：李恒敬

装帧设计：石　璞

敦煌文艺出版社出版、发行

地址：(730030)兰州市城关区读者大道 568 号

邮箱：dunhuangwenyi1958@163.com

0931-8152198(编辑部)　0931-8773112　0931-8120135(发行部)

北京一鑫印务有限责任公司印刷

开本 787 毫米×1092 毫米　1/16　印张 9.75　插页 1　字数 135 千

2017 年 8 月第 1 版　　2021 年 9 月第 2 次印刷

印数：501~2 500

ISBN 978-7-5468-1370-7

定价：28.00 元

字之疑

袁　剑

曾有一位考古学家告诉我，"运气"在考古行当里非常重要，考古学者的美梦是有朝一日"洛阳铲"往地下一戳，拔出时带着古文化层的土质，探方又无误地开在古文化遗址的中心地带，挖掘出的是一处湮没的文明，一方古城遗址，数不清说明居住者生活状况的完好文物，文字题记。此外，还得有充分的时间和经费整理发掘的文物，更美的是发掘成果能填补某处历史漏洞和空缺，或能纠谬，还原历史真相。自此之后，不但能与此古文化粘黏，留名青史，封侯晋爵，其他则尽在不言中矣。

于是问：可曾有考古学家有如此的"运气"吗？

回答：有。

问：请问是哪一位？

答：约翰·马歇尔。

约翰·马歇尔（1876 — 1958）生在19世纪后期，英帝国气焰最盛的殖民主义时期，以日不落国之号傲视天下。马歇尔1898-1901年就读于剑桥大学的皇家学院，曾跟随学校到希腊的克里特岛考古发掘，后来写了一篇有关希腊的论文，得到1898年的珀松奖（Porson Prize）。当时，年轻任性的英国驻印度总督寇松侯爵（George Nathaniel Curzon 1859-1925），钦点这位年仅26岁的青年马歇尔到印度担任印度区域考古总监。

当时的印度区域包括今天的印度、巴基斯坦、缅甸、阿富汗部分地区、尼泊尔、锡金等地，是一累积丰厚人类历史的板块，对考古学家来说是块梦寐以求宝地。

担任第一任印度考古总监是亚历山大·康宁汉（Alexander Cunningham 1814–1893），这职位是他经过数十年努力争取而设立。康宁汉的父亲是诗人，因诗人、小说家华特·史格特 (Walter Scott) 的关系，他和哥哥进入东印度公司旗下的军校，19 岁他以工兵少尉的身份到印度服役，先被分派在德里，21 岁的时候被派到瓦拉那西，他见到一竖立 43.6 米高、直径 28 米的圆顶建筑结构体，他感到非常好奇，不断地寻觅、探索，找到了刻有文字的石块，寄送研究东方学的孟加拉亚洲协会学报（Journal of Asatic Society of Bengal）创办人詹姆斯·平彻浦 (James Prinsep 1799—1840)。

平彻浦是位天才人物，在他 40 年短暂的生命里，发明、著作、画作无数，最为人所知的是解读孔雀王朝阿育王石柱的佉卢文和婆罗米文。平彻浦解读了康宁汉寄送石块上的文字，得知那座圆顶建筑结构体是阿育王时期（268–232BCE）建造，是释迦牟尼初转法轮的鹿野苑。这个发现激发了康宁汉终身追求认知古印度文化的热情和动力。他开始与平彻浦频密的书信往返，并获得倾囊相授知识。康宁汉可以算是平彻浦的门生，也是他的挚友。

康宁汉担任军职 28 年，因职务所需曾到印度许多地方修桥铺路等工兵的工作，每在工余时间就投身在古文化的探索、遗址的寻觅和勘测。他怀中揣着的是法显《佛国记》和玄奘《西域记》的译本。1861 年，他从军中退役，说服了当时的总督查尔斯·康宁（Charles Canning）设立考古调查部门。可惜因为经费短缺，5 年之后部门关闭。他只得回国，在伦敦的一家银行服务。幸好，5 年后 1870 年，部门重开，请他回去，他继续从事他最喜爱的工作 15 年，直到 1885 年退休。回国后，他开始著作，为一生的工作留下纪录。

康宁汉自从发现鹿野苑，就没有停止他的考古调查工作，他根据典籍

目 录

前　言

　　以下是这本书的前言。出版这本书的目的是为了完整、全面、详细地介绍著名的桑奇佛塔群。这些佛塔虽然已经被世人们所熟知一个多世纪，但就目前为止，还没有一本能够详细，准确介绍它的出版资料。人们迫切需要这么一本相关书籍，且不说这里的其他遗迹，单单桑奇舍利塔，凭借其具象的和装饰性的雕刻，就已经被人们广泛认可为早期印度佛塔中最有研究价值和启发意义、最为壮观、保存最完好的佛塔建筑。

　　最早在 1872 年，印度政府就提出要全部出版这些雕刻图案，后来由 Mr.Henry Cousens 在考古调查中拍摄了许多精美照片为这个计划做了准备，他的大部分照片在本书中都有使用。后来由于没有经费，这个项目被迫暂停，直到 1912 年我参观桑奇之前，一直没有进展。经过勘查之后我很满意，据我推测从大舍利塔南边到北边可能还有很多建筑跟文物被埋藏在厚厚的瓦砾之下，在出版任何相关资料之前，这片区域理应被完整地发掘出来。在桑奇和其所有的宝藏所有者 Bhopal Darbar 的支持和积极帮助之下，我主持并开始了这项长达 8 年的挖掘工作，获得了许多富有成果的发现，大大超出了我之前的预期。许多保存完整，很有意思的建筑得以重见天日，一大批雕像加入到现有的收藏里面。同时我也可以采取一些彻底的，综合的方法对这些非凡的佛塔进行保护，并且在原址上建造了一个博物馆，让那些可移动的雕像和文物能够很好地保护起来。

由于这些新的发现，原本的出版计划覆盖范围势必要扩大很多。就目前的设计，总共包含四部分。在第一部分我简略地介绍了桑奇的历史和描述了一下遗迹。第二部分我讨论了早期石刻艺术及它们在早期印度流派上的地位。第三部分 Mons Foucher 对雕像及一些复杂的图形问题进行了解读。第四部分 Mr. Majumdar 编辑，翻译和注解了那些题记。除了这四部分，这本书里还包含对嵌板的详细介绍，方便读者可以将其打印出来，这里面大部分的介绍，具体是 X–LXVY，LXXIV–XC 和 XCV–CIII 是由 M.Foucher 所写，其余是我自己完成的。

（二）

从这本书的体量上来看，会给人一种作者想要彻底研究清楚这些东西的错觉，实际上我们离这个目标差的还很远。作者给自己设定的目标就是能够给学生们提供这些佛塔的核心数据还有一些解释，为他们未来更进一步的学习打个基础。除了它们的历史、宗教和图像研究价值，桑奇现存的早期雕像就已经是研究古印度文明永不枯竭的宝藏。仅仅是进行各个方面的临时讨论，就要比这本书多出许多个章节，并且要包含大量专业课题。比如说在种族类型上，这些雕像呈现了如此多有启发性的例子，例如关于大众信仰和迷信、关于护甲和装备、关于服饰和装饰、关于乐器还有为其他众多方面提供了无价的资料。虽然有这么多的东西值得我们研究，但是看起来我们还是首先需要去描述这些佛塔，尽可能解释它们的含义，分析其艺术特点，当把这些问题都解决掉之后，我们觉得关于雕像的进一步研究就留给其他研究者吧。

我前面提到过我杰出的伙伴 M. Foucher 是第三部分和嵌板介绍的作者，实际上他的贡献远不于此——不仅在各个阶段给我提供无与伦比的佛教古迹知识帮助，还在很多方面帮助我，如帮助设计此书和将其出版。还有两位我要诚挚感谢：我长期的挚友和在印度的继任者——Mr. Harold Hargreaves，他让我们以做学术严谨的态度来进行这项工作，并帮我编写了索引。Mr. E.G.Aylmer 是印度报加尔各答省的经理，从头至尾由他不断地努力和关心最终促成这本书的印刷出版。

当然，在这里我还不得不向我的前挖掘助理 Munshi Ghulam Qudir 致敬，他在桑奇 10 年以来一直都是我的左膀右臂，在挖掘和修复这些佛塔的工作中提供了勤勉可靠的努力。在工作中，我知道他是一个思维敏捷、坚持不懈、不屈不挠的人，从来不会搞砸分配的任务，并且我更知道他是是个正直、积极、无畏和真实的人，和他一起工作是一种真正的享受。

最后，我要向博帕尔尊贵的主人表示感谢，感谢他对我在桑奇的发掘工作和出版此书的支持，也感谢后来我再次拜访这个邦时他对我的友好款待。

第一章

1. 历史：古代与现代

据佛教早期的经典律藏《大品》（Mahāvagga）[1] 记载，印度的摩揭陀国[2] 国王频婆娑罗[3] 在家中供奉佛陀的时候，为给世尊及其信徒找到一个宜人的静修地，曾四处探寻。国王认为这种场所应当"离城邦不远不近，来去便捷，所有人都可拜访，昼不拥挤，夜不喧闹，远离俗世，隐于烟火，极适于隐居生活。"同时，频婆娑罗王在他城郊的花园中找到了静修地——迦兰陀竹园[4]，于是他就带去一钵金水并将此园捐给"佛

---

[1] 《大品》(Mahāvagga)：包括十个篇章：《大篇》(Mahākhandhaka)、《伍波萨他篇》(Uposathakkhandhaka)、《入雨安居篇》(Vassūpanāyikakkhandhaka)、《自恣篇》(Pavāraṇākkhandhaka)、《皮革篇》(Cammakkhandhaka)、《药篇》(Bhesajjakkhandhaka)、《咖提那篇》(Kathinakkhandhaka)、《衣篇》(Cīvarakkhandhaka)、《瞻巴篇》(Campeyyakkhandhaka)、《高赏比篇》(Kosambakakkhandhaka)。

[2] 摩揭陀国：magádha，或译为摩揭、摩竭陀、摩羯陀，古代中印度的一个重要王国。佛陀一生多半在摩揭陀：佛教史上的王舍城结集，华氏城结集，都在摩揭陀，因此摩揭陀是印度重要佛教圣地之一。

[3] 频婆娑罗：梵Bimbisara，意译影胜王、影坚王、颜貌端正王、谛实王、光泽第一王、好颜色王、形牢王。是佛陀时代摩竭陀国的国王。

[4] 迦兰陀竹园：梵Kalandaka，巴利名Kalandaka，位于中印度摩揭陀国王舍城北方之迦兰陀村。为迦兰陀长者所有，以盛产竹之故，名为迦兰陀竹园。

陀带领的比丘僧团"作为精舍或隐居地。同样的记载也出现在《小品》①中，用于描述著名的祇园精舍，即舍卫国②附近富有且好行布施、被誉为给孤独长者③的祇陀太子捐给僧伽的祇陀太子花园。即便不是全部，但是在很大程度上，它们已等同于早期佛教徒自己建立的精舍或伽蓝。事实上这不可能有别的解释：在频婆娑罗国王提出这种要求之前，即一方面要隐居与静修，一方面又要邻近居民区，两者都是建立精舍不可或缺的。修行者一半的时间用于向城镇居民们化募钱财和食物，另一半的时间用在宗教实践上。由此，这也就不难理解，为何印度很多重要的伽蓝都坐落于大城邦的郊外；为何越是巨大和富有的城邦，更可能有气势宏伟的寺院存在。因此，我们才在迦尸国④外、离城不远的郊区找到了久负盛名的鹿野苑（Mṛigadāva），鹿野苑精舍因其经久不变的建筑长廊，和佛陀初转法轮之地，而被视为流芳百世的佛教圣地。因此，在塔克拉西古城的郊外，也就是曾经最重要的旁遮普城外，我们发现了著名的法王塔和寺院，以及许多散落于古都无名山顶和隐匿幽谷间的稀缺典籍。就因为如此，在繁荣和人口稠密的印度中部城市毗迪萨⑤，建立起来的桑奇伽蓝，其富丽堂皇的丰碑——舍利塔、庙宇、僧寮和纪念柱构成了

---

① 《小品》：(Cullavagga)，包括十二个篇章：《甘马篇》(Kammakkhandhaka)、《别住篇》(Pārivāsikakkhandhaka)、《集篇》(Samuccayakkhandhaka)、《止篇》(Samathakkhandhaka)、《小事篇》(Khuddakavatthukkhandhaka)、《坐卧处篇》(Senāsanakkhandhaka)、《破僧篇》(Saṅghabhedakakkhandhaka)、《行仪篇》(Vattakkhandhaka)、《遮诵戒篇》(Pātimokkhaṭṭhapanakkhandhaka)、《比库尼篇》(Bhikkhunikkhandhaka)、《五百篇》(Pañcasatikakkhandhaka)、《七百篇》(Sattasatikakkhandhaka)。

② 舍卫国：梵名 Srâvastî，巴利名 Sâvatthî，舍卫国为中印度古王国名。舍卫，又作舍婆提国、室罗伐国、尸罗跋提国、舍啰婆悉帝国。意译：闻物、闻者、无物不有、多有、丰德、好道。

③ 给孤独长者：原名须达多，是舍卫城中的一位富豪，波斯匿王的大臣。他天性乐善好施，由于常常救济无依无靠之人，人称"给孤独"。

④ 迦尸国：Kāśī，贝拿勒斯城。

⑤ 毗迪萨：Vidisa，今比尔萨，在桑奇西南约八公里。公元前3世纪的桑奇非常兴盛，它的繁荣主要得益于它附近的贸易城市毗迪萨，那里的富裕商人出钱建造了很多佛教建筑。

本书的主体。

2. 丰碑式的桑奇大塔

举世闻名的佛教丰碑——桑奇大塔，有着千年悠久历史，美轮美奂、价值无可估量。桑奇大塔起源于公元前 3 世纪的阿育王统治时代或者更早，并从此延续了 1200 年左右，与佛教在印度的兴衰同步。从始至终，桑奇的故事就与大城邦的财富紧密地联系在了一起，在大城市经济的支持下，佛教伽蓝得以成长与繁荣。毗迪萨的建立可以追溯到一个很遥远的时代，同时它的人口也是在佛教兴盛最初几个世纪中较多的；在公元 2 世纪前，它没有精确范围的测量，也没有广泛的历史碎片积累。桑奇的统治地位，体现在它位于贝斯河（Beś）和贝特瓦河（Betwā）两河交汇处。在雨季，贝特瓦河提供了极具价值的水路运输，一条贯穿东西、始于西部沿海的繁忙港口，途径优禅尼 (Ujjayini)[①]、弥国[②]、迦尸国、

[①] 优禅尼：优禅尼国即邬阇衍那，梵名 Ujayana，巴利名 Ujjeniˆ，又称优禅尼国、温逝尼国、郁支国，位于摩揭陀国西南之古国名，亦为都城名，为古代印度阿槃提国（梵 Avanti，与巴利名同）之首府，位于频阇耶山（梵 Vindhya）之北，相当于现今尼布德哈河（Nerbuddha）北方的摩尔瓦（Malwa）。

[②] 弥国：　俱焰弥国也称桥赏弥，又作桥饷弥国，意译作不甚静、藏有。梵名 Kaus/aˆmbiˆ，巴利名 Kosambiˆ，为中印度之古王国．系十六大国之一，六大都市之一。

华氏城①；另一条贯穿西南到东北，始于案达罗王朝首都的普拉蒂什塔纳②，止于舍卫城，同时也止于拘萨罗③和般阇罗（Panchala）城市。毗迪萨与阿盘提首都优禅尼之间相距不到 140 英里，两者贸易密切、文化互动，且毗迪萨长时期从属于优禅尼。但在东西马尔瓦王朝时，阿卡拉和阿盘提是即相互独立又互相竞争的王国。佛教在初创期扎根于这两个地区是情有可原的，因为很多极其热忱的佛陀弟子都出生于优禅尼，如著名的阿跋耶（阿婆耶 Abhaya）、鸠摩罗（Kumāra,）、伊西达西（Isidāsi）、梨师达多（Isidatta）、达磨多罗（Dhammapāla）、苏那·俱胝耳（Soṇa Kuṭikaṇṇa）和不太成名的摩诃迦旃延（Mah ā –Kaccāna）；同时也毋庸置疑的是如果新的信仰在阿盘提获得了拥护，那么它的芳邻阿卡拉地区也该是如此。在孔雀王朝④统治下，虽然地方行政权为巽伽（Suńga）王子的封地所有，但毗迪萨包括阿卡拉都是阿盘提首府，属于优禅尼辖区。然而随着孔雀帝国解体和苏噶（Sungas）中央权力转移，毗迪萨成了中印度第一都会，旋即取代了华氏城。然而权臣弗沙密多罗（Pusyamitra）作为孔雀王朝的篡位者，在首府摩揭陀创立巽伽王朝⑤，宣称自己为孔雀王朝继承人，他的儿子阿耆尼密多罗（Agnimitra）⑥作为毗迪萨总督，把政府所在地从华氏城迁到了毗迪萨。

---

① 华氏城：Pāṭaliputra，音译"波吒厘子""波吒利补怛罗"之简称。意译作"华氏城"，为中印度摩揭陀国的都城。

② 普拉蒂什塔纳：Pratishthana，今称拜坦 Paithan，位于德干西北部。

③ 拘萨罗：梵文：Kosala，后来作 Kośala，又译桥萨罗，古代印度的一个地区。

④ 孔雀王朝：Maurya（约公元前 324 年—公元前 188 年）是古印度摩揭陀国著名的奴隶制王朝，在公元前 3 世纪阿育王统治时期疆域广阔，政权强大，佛教兴盛并开始向外传播。因其创建者旃陀罗笈多出身于一个饲养孔雀的家族而得名。

⑤ 巽伽王朝：是古印度摩揭陀王国的一个王朝。建于公元前 185 年，末于公元前 73 年。其主要领地包括印度东北部恒河下游地区。巽伽王朝共历 10 帝，首都建于华氏城。

⑥ 阿耆尼密多罗：Agnimitra，古印度摩揭陀王国巽伽王朝的第二个国王（约公元前 149 年—公元前 141 年在位。

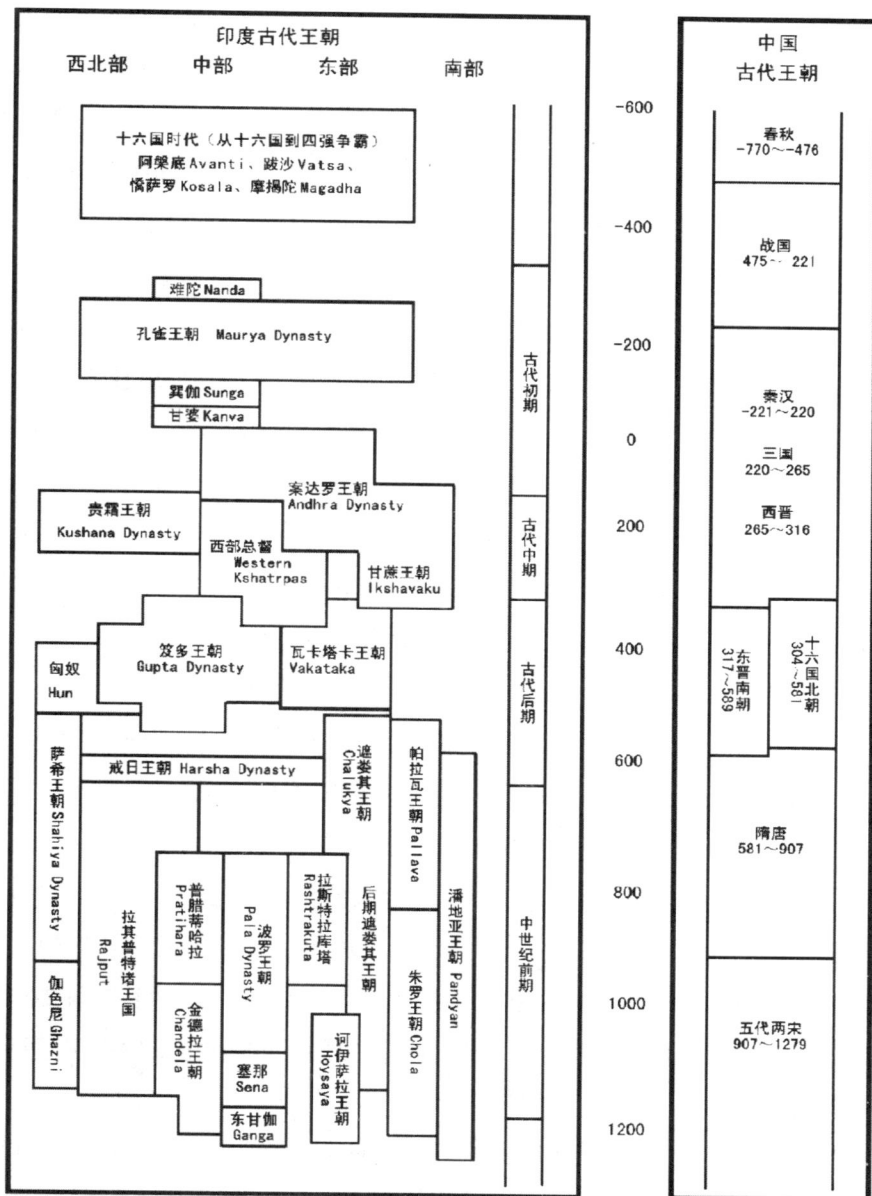

图 2-2 中印古代王朝示意图

此图来源：印佛教造像源流与传播 张同标著第 18 页东南大学出版社 2013 年 9 月第一次印刷

在巴利文学中，弗沙密多罗千年来一直扮演着佛教迫害者和寺院毁灭者的角色，人们毫无理由地去怀疑文学记载的真实性。在孔雀王朝毁灭之后，毫无选择地出现了一场婆罗门教的复兴，以抵抗阿育王扶植的佛教；无可厚非的是，宗教偏好总是为了巩固帝王自己的地位，所以新王朝作为婆罗门教的拥护者大大利用了这个机会。然而诡异的是，巽伽王朝统治下佛教遗迹依旧繁荣（包括桑奇和其他遗址）；弗沙密多罗本人对佛教虽然深恶痛绝，他的后代却并非如此。巽伽王朝最有名遗迹就是中印度的巴尔胡特（Bharhut）大塔①，地处距离毗迪萨不到 200 英里的钠戈德（Nagod）州，其地面栏杆始建于公元前 2 世纪的最后 25 年，大门则整整晚了一代人。据后期记录可知，一部分是巽伽王朝国王达那菩提（Rājā Dhanabhūti）所建，另一部分是同一王室的其他成员所建，毫无疑问巽伽王朝王室是巴尔胡特大塔的建造者。顺便说一句，据观察研究，达那菩提家族和马图拉（Mathura）以及弥国的高赏比（Kauśāmbī）王族都有联姻。很重要的一点是，桑奇大门浮雕和巴尔胡特大塔栏杆在图像上与同时期的马图拉②作品相似，是早期印度艺术中最生动、最具价值的石雕巨作之一。

随着希腊化大夏入侵者抵达北印度，在印度人们称他们为 Yavanes 人③，好比案达罗人（Andhras）在南方，巽伽王朝作为邻居和希腊化大夏人紧密联系在一起，彼此几乎没有战争。这三股势力中的每一个（包括东海岸的羯陵伽 Kaliṅgas）都下决心在浮雕上从被肢解的孔雀帝国中寻求自己新的领土。因此，他们之间的冲突也是不可避免的。作为孔雀王朝在摩揭陀和米德兰（Midland）国家的直接后继者，巽伽王朝对于邻国要求行使跟他们祖先同样的宗主权，为了支持这一要求，弗沙密多罗采用了马祭

① 巴尔胡特大塔：位于中印度科沙姆西南，塔的覆钵丘塌毁，栏楯已被拆除。约建于公元前 150 年—公元前 100 年。

② 马图拉：Mathura 梵文 mathurā，古译名为秣菟罗、摩偷罗位于印度的北部，在亚穆纳河西岸，人口约为 14.7 万。该城市是印度教的一座圣城。印度教徒相信马图拉城是广受崇拜的大神黑天的出生地。

③ Yavanes 人：是指公元前的印度—希腊人。

（aśvamedhaor）——一种古老的吠陀仪式，即通过在一年之内一匹马自由驰骋、圈地所得作为国王的疆土，印度国王习惯于以帝国统治者的头衔自居。但是，即使在那样的时机下希腊化大夏人依然有庞大的骑兵队伍，据说他们在企图捕获迷失的马匹时被巽伽王朝打败，弗沙密多罗的要求被当作是转轮王或是最至高无上的统治者，可能是有一点不合情理的。鉴于希腊人不仅仅夺去旁遮普的东部，也征服了中部地区，包括奢羯罗（Śākala）①所有重要的城市，也侵略了米德兰国家，夺去了婆枳多②和马图拉。但据传他们把这些地区征服后并没有进行规划，甚至还把他们的臂膀伸长到了华氏城。正如我们所知，中部地区的征服是由于旁遮普内部互相残杀而引起的，拉普森（Rapson）已经分裂为欧克拉提德(Eukratides)和欧西德莫斯(Euthydemus)两大家族，其实就是这两个相互竞争的家族之间的战争，这两个家族的首府其中一个在怛叉始罗③，另一个则在奢羯罗。大概这是两个势力之间持续的抗争，在一代人之后，塔克西拉的国王安提奥西达斯·迪昂（Antialcidas Dion）以他儿子赫利奥斯（Heliodorus）的名义组建了一个使团，目的是与毗迪萨的巽伽国王婆伽跋陀罗（Bhāgabhadra）抗衡，有关这个使团事迹铭刻在阿育王圆柱上，圆柱铭文是以使团名誉篆刻的、奉献给印多罗度大神克利希那(Krishna)的。声明他献出使节团唯一得到收获的是看到了这两个国家渐渐彼此疏远。由于希腊王朝奢羯罗横在他们中间，此举似乎更加说明使团目的就是为了寻找彼此的共同点，来抵抗希腊王朝，该王朝对于安提奥西达斯 (Antialcidas) 的东南部和婆伽跋陀罗 (Bhumimitra)

---

① 奢羯罗：Sialkot，梵文 Sakala，译作奢揭罗、沙柯罗、沙竭。奢羯罗城是古代摩陀罗国的首都，此地多次出现在《摩诃婆罗多》史诗中，今称锡亚尔科特 Sialkot，巴基斯坦东北部城市，在艾克纳拉河之北，古季兰伐拉的东北部。

② 婆枳多：梵文 S/aˆketa，巴利文 Saˆketa，中印度桥萨罗国之都城。在今日印度联合州之费渣巴德（Fyzabad）市附近。又译沙枳多、沙只太、婆鸡多、沙计多、婆鸡帝、婆只、沙只、沙技。或作婆枳多、婆翅多、婆鸡帝、婆岐陀、婆只、婆岐。

③ 怛叉始罗：古代印度西北部都市，希腊语谓之为 Taxila，又译德叉始罗、竺刹 尸罗、石室国等名，其范围横跨巴基斯坦旁遮普省与西北边境地区。

的西北部都是威胁。

巽伽王朝的另一个对手是德干高原的案达罗①人，与希腊化大夏人相比不具有侵略性，但是仍然非常危险的。他们从泰卢固 (Telugn)，介于基思特纳河 (Kistna) 和戈达瓦里河 (Godāvarī)②三角洲地区，就开始南向北沿着戈达瓦里河沿线开拓自己的疆土。到公元前 2 世纪早期开始他们占领了海得拉巴 (Hyderabad) 的大部分地区，其中包括中心省会的贝拉尔 (Berār，在维达婆地区 Vidarbha) 以及西印度的北方康坎③。而他们西部的省会是位于戈达瓦里河北岸的普拉蒂什塔纳 (Pratishthana, 今拜坦 Paithan)，从那里他们继续向北扩张，穿过了泰普提布 (Tāptī) 和讷尔默达河 (Narbada, 亦称讷巴达河) 并占领了马尔瓦西部，包括著名的省会优禅尼，从而又获得大贸易路线从 Bhrigukaccha（现代的古加拉特邦）和其他西部港口到拉杰普塔纳的控制权。占领了中印度和朱木拿河盆地，有效地在西海岸出口处切断了巽伽王朝。从钱币也可以推断出，其在公元前 2 世纪初期已占领了马尔瓦西部。与弗沙密多罗·巽伽同一时期的案达罗国④国王萨塔卡尔尼一世⑤当政时期，也是通过马祭的形式向周边邻国宣扬自己的"宗主权"。巽伽王朝在案达罗人之前是否占领过马尔瓦西部我们不得而知。但是很明

---

① 案达罗：印度中南部部落案达罗人 (Andhras) 在德干地区崛起，建立案达罗王朝。

② 戈达瓦里河：又译"哥达瓦里河"，印度德干半岛中部河流，全长 1,450 公里，流域面积 28 万平方公里。上游支流众多，左岸支流多且长，有本根加河、瓦尔德河、韦恩根加河等，右岸仅曼吉拉河较重要。干季河水枯浅，有的断流。建有水库。拉贾蒙德里以下构成三角洲，河口段与克里希纳河口三角洲相连，构成复合三角洲。

③ 康坎：亦译作"贡根"，Konkan；卡拉瓦里，Karavali，或称康坎海岸 Konkan Coast，为阿拉伯海沿海平原，涵盖整个印度西海岸地区。西印度 Aparānta。

④ 案达罗国：案达罗 (Andhra)，也叫萨达瓦哈那 (Satavahana) 或萨达卡尼 (Satakarnis)。印度南部的古国，十六大国之一。早期史迹已不可考。公元前 3 世纪，一度并入摩揭陀国的孔雀王朝，后获得独立并且扩大版图；大约公元前 30 年征服摩揭陀，取代甘婆（甘华）王朝。公元 1 世纪初，抵抗北方塞种人 (Saka) 入侵，又与贵霜王国相争衡。当萨达卡尼在位时（公元 2 世纪后半叶），领有从奇斯特纳河到文迪亚山的广大地区，成为德干高原北部强国。公元 3 世纪后国土分裂，势力衰退。

⑤ 萨塔卡尔尼一世：Stakarni I，约公元前 75 年—公元前 20 年在位。

显一旦案达罗人占领了这个省会，弗沙密多罗和他的后继者就不能够把他们从马尔瓦西部驱逐出去。另一方面，案达罗人自身也不能够吞并马尔瓦西部，直到他们最后一次打败了巽伽王朝，传说这场战役是发生在大约公元前72年。在印度《往世书》中，记载了案达罗人国王长名单中总共有30位屈服于摩差耶（Matsya），而屈服于萨陀伽罗尼（satakarnii）名下的也不少于10位。其中有一人在桑奇大塔南门一个捐赠的碑文中被提到，铭文记载着其中一个楣梁是由被称为开天辟地的工匠阿南达（Anamda）完成，推测是由国王萨陀伽罗尼指派的，布勒（Buhler）和一些其他早期的学者们支持此观点。公元前2世纪中期由国王萨陀伽罗尼（Manhendra）统治，在碑文纳纳·吉哈 (Nānāghāt) 和诃提衮帕 (Hāthigumphā) 中被提到，而且在我们所熟知的被巽伽王朝占有的毗迪萨历史中也曾谈到。在通道处的雕刻品风格也很难被认定是早于公元前1世纪，或者也可能是更往后的时期。显然被讨论的统治者就是在萨陀伽罗尼统治时期后来出现在《往事书》（Purnaic）名单中的一个，被认为很大可能就是萨陀伽罗尼二世，他56年的统治结束主要是在公元前1世纪初期，至于萨陀伽罗尼三世显然是不可能的，也就是说公元前1世纪的最后25年，是由萨陀伽罗尼的继承者沙多迦尔尼王第十二和第十三个国王分别统治的。在《往事书》中这两个国王除了他们的名字和前一个统治了三年，后一个统治了八年的事实外，其他一无所知。不幸的是，在案达罗人长期的统治中，马尔瓦的历史被阴暗所笼罩。通过铭文和硬币得知，直到公元2世纪著名的乔达米普特拉·沙塔卡尼（Gautamīputra Śrī Sātakarṇi）统治时仅有的曙光才出现。我们知道虽然在他们的统治时期有两个中断，第一个是在公元前61年和75年之间，按照耆那教圣人卡拉卡行状①控制了四年；第二个是指公元1世纪末西马

---

① 耆那教圣人卡拉卡行状：Jaina Kalakacarya-kathanaka 记载，优禅尼曾被塞种人，简称塞人，属欧罗巴人种印度地中海类型。原是住在中国新疆伊犁河流域的游牧民族，约在公元前160年前后，塞种人受大月氏人的驱赶，向南迁徙，通过开伯尔山口进入南亚次大陆，消灭了几个印度—希腊人王朝，建立了统治。

尔瓦和东马尔瓦被 Kshaharatas 占有几十年，直到公元 125 年由乔达米普特拉·沙塔卡尼夺回，最后在公元 150 年被乌贾因的萨特拉普国国王鲁陀罗达曼抢占。在那时之前，直到公元 4 世纪末两个省都为西娑多婆王朝(Western Kshatrapas) 所占有。与此同时，古吉拉特邦和半岛的苏拉沙特也附属于笈多王朝。它们的合并发生在笈多王朝 93 年，是通过旃多罗笈多二世征服完成，被记载雕刻在大塔的栏杆上。此铭文记录着旃多罗笈多二世统治时期，在 Isvaravasaka 村庄的高级官员 Amrakarddava 掌管着圣僧财政、管理精舍"树给孤独园"、养活僧侣并保持香火的故事。笈多王朝对毗迪萨的占有，在距离桑奇 4 英里的乌陀耶吉里（Udayagiri）山中洞穴里出土的两个碑文所证实，其中一个记录着在公元 401 年旃多罗笈多（Candragupta）二世统治时期的贡献；另一个是为了纪念跟随"要征服全世界的"国王——旃多罗笈多二世而来到这里的大臣洞穴挖掘的。

公元 413 年鸠摩罗笈多（Kumāragupta）继承旃多罗笈多二世，后塞犍陀笈多（Skandagupta）在公元 455 年继承了鸠摩罗笈多。到后来，君主统治末期（公元 480 年）笈多王朝被白匈奴人入侵和蹂躏，失去了西部大片的领土。马尔瓦的西部，虽仍然在塞犍陀笈多的继任者佛陀笈多统治下未被征服，直到公元 500 年左右，政权传到了当地的酋长巴努笈多（Bhānugupta）手上，10 年之后才被白匈奴国王陀罗摩那（Toramāṇa）兼并。

公元 528 年，白匈奴人的政权被婆罗秩底也 (Bālāditya) 和耶素达曼 (Yaśodharman) 王朝的胜者米喜拉库拉 (Mihiragula) 而粉碎，残忍的陀罗摩那继承者被冠以"印度的匈奴王"的称号。经过一段时间的安定后，这个国家从侵略者的野蛮统治中恢复。这段时间一直持续到 7 世纪早期，那时候还没有至高无上的权威在北方可以把小国家集合到一起，后来可能是因为他们的遭遇使得他们弱小、筋疲力尽而不能够拥有一个至高无上的权力。而且，白匈奴人战败之后，从公元 528 年到公元 1023 年的 5 个世纪，旁遮普地区被伽色尼（Ghazna）的马哈茂德（Mahmūd）占领，北印度最终从外国侵略手中获得自由，掌握了自己的命运。在这 5 个世纪期间并没有集中权力去反抗他们共同敌人的出现，仅有一些自发的聚集在这些小规模的国家中。没有出现足够而有力的独立国家可以将自己的意愿强加到邻国身上。第一个是戒日帝国（Harsha）时代的塔尼萨（Thāṇesar）（公元606年–647年），在他就职的5年半时间内，建立了一个几乎与笈多有共同边界的王朝，统治了长达35年，其投入所有的精力创造了辉煌，使他们的制度与众不同。塔尼萨是戒日帝国的第7个统治者，在他统治期间，东部的马尔瓦在6世纪中期短暂地被迦罗珠利（Kalacuris）王朝合并，而摩塔婆笈多（MadhavaGupta）成了戒日帝国的封臣。另一个例外是在公元840年—890年期间Mihira钵迦（Bhoja）在曲女城（Kanauj）①控制了一个帝国，其领土从萨特累季河延伸到比哈尔，而且他的继承者摩咸陀王子（Mahendra）和波阇二世（Bhoja Ⅱ）将此保持的完好无缺。西部的马尔瓦帝国接着被帕拉马拉（ParaMāra）王朝统治，据了解一直到9世纪末，普腊蒂哈腊在曲女城（Pratiharas）的权力被迅速瓦解。在9世纪初，国王拉贾蒙贾（Raja Munja）登上东部马尔瓦王座时，似乎已经维持了它的独立，成为中印度有影响力的国家。蒙贾（Munja）和他的外甥著名的波阇（Bhoja）统治了马尔瓦长达40年，他们是具有自由意识的作家，也是文学和艺术的保护人。大约公元1060年随着波阇的逝世，帕拉马拉王朝的权力开始衰落。12世纪，马尔瓦有一段时间被遮娄其王朝（Chalukya）安希尔瓦拉（Anhilwāra）占有，但是接下来的一个世纪又回到了印度波罗王朝第三任国王②手中。随后的历史我们不需要关注，从12世纪后桑奇就没有关于佛教的宏伟的建筑了。可能是佛教组织在中印度被婆罗门教压制而导致整体毁灭。

---

① 曲女城：此国之所以名为'曲女城'， 玄奘之《大唐西域记》卷五曾有说明，该书谓：往时都城称拘苏摩补罗（Kusumapura，华宫），王名梵授，生有千子、百女。时有一仙人，称大树仙人，居恒河侧。见王女来河滨游玩，遂起染着心，乃诣华宫，欲乞得一女。然王女等不愿嫁此一貌如枯木之仙人。时，王恐累及其国，乃送一稚女。唯仙人见稚女不妍而怀怒，乃以恶咒使其余之九十九女一时伛偻曲腰，因此而有'曲女城'之名。 亦作羯若鞠阇（Kanyakubja），法显之《佛国记》作罽饶夷城（Kanauj）。位于恒河下游，今印度北方邦坎诺（也译作卡瑙季）。

② 提婆波罗：Devapāla Dhār，公元810年–850年 在位。

桑奇的现代时期

从 13 世纪之后，桑奇逐渐被人遗忘和冷落，在笈多时期毗迪萨沦为废墟，被比耳沙取代。后者在穆罕默德时期，在当地历史上起了重要的作用。穆斯林对其进行了 3 次掠夺，在奥朗则布统治时期对庙宇进行了第 4 次破坏，期间由于桑奇遗迹的荒废，他们忽略了这个不到 5 英里的山丘的重要地位，所以仍然保留着完整的遗迹。直到 1818 年，被泰勒上校（Gen. Taylor）重新发现时，依然是一个保存很好的遗迹。在那个时期，大舍利塔的 3 个通道仍然矗立，南边的一处损毁时，大圆屋顶仍旧完好无损，部分顶端的栏杆依旧在原地。第二和第三个舍利塔保存完好，保留了 8 个小的舍利塔，其中包括在第二个舍利塔附近的一些其他建筑，但是关于它们的记录并没有被保存下来。这些遗迹完美、独一无二的特性很快地被意识到，从 1819 年之后就出现了各种记录和图解，专题著作描述它们的建筑和雕刻，由于记录者稀奇的想法和不确定性，使其受到频繁的损伤。这些著作中较有名的是出自吉尼·坎宁汉姆 (A Cunningham) 的《比尔沙佛塔》（Bhilsa Topes，1854），弗格森 (Fergusson) 的《树蛇崇拜》（Tree and Serpent Worship，1868），迈赛（Maisey）的《桑奇和它的遗迹》（Sanchi and Its Remains）。但是广泛的兴趣发掘和对舍利塔的继承是令人激动的，不幸地是被证明对于遗迹本身却是灾难；这个场所很快就成了寻宝者和业余考古者猎奇的目标。探寻者们为了丰富自己的知识，调查它不为人知的秘密，毁坏了一半遗迹，并糟蹋本应隐藏的遗迹，并对遗迹的结构造成了不可挽回的伤害。在 1822 年，博帕尔的政治代理人约翰逊上尉打开了大舍利塔，留下来一大缺口，使桑奇从辉煌到没落，造成了之后遗迹建筑的巨大伤害和西面通道部分封闭栏杆的塌陷。由于使用笨拙的挖掘机，造成了第二和第三个舍利塔局部的毁坏，直到后来它们被重修。接着在 1851 年亚历山大·吉尼·坎宁汉姆少校和迈赛上尉（Capt. F C Maisey），通过对几处遗迹草率挖掘，造成了这个场所整体的毁弃。尽管他们在第二、三处的舍利塔，成功发现了最有价值的舍利遗迹，但他们的发现也不能抵消在施工过程中造成的损坏，这是后来公平的评价。即使算起来我们要感谢迈赛一系列绘制的图纸，使得弗格森可以用来解释他的《树蛇崇拜》，后来迈赛自己也用它来阐述《桑奇和它的遗迹》；也要感谢吉尼·坎宁汉姆少校在《比尔沙佛塔》书中对桑奇和其他佛教场所有价值的解释，要不是他们的发现，可能永远不会被记录下来。为将来重新修复或保护奠定了基础，即使在 1869 年（作为一个拿破仑三世（Napoleon III）扩宽它倒塌的通道的非直接结果）东门的浇铸为欧洲国家级博物馆的原则做了准备和介绍。直到 1881 年，因为邻近的村民仍然在不停践踏此地，政府思考着保护原始的建筑。同年，桑奇遗迹的馆长柯尔少校，清理了 60 年前约翰逊上尉发掘的主要舍利塔顶端的杂草、填补了巨大的缺口，在后来的两年中修复了帝国政府在南信道和北信道，以及第三个舍利塔前面更小的通道的破坏。虽然他没有去试图保护其他破碎不堪的遗迹，发掘覆盖遗迹、寺庙和其他大厦的碎片，还有成百上千即将流失的雕刻和铭文。在 1912 年到 1919 年之间，完成这些工作比起先前更容易些。在那个时候山顶可见的建筑是大舍利塔和少量的遗骸，读者将会在遗迹的所示图中的阴影线上有所发现。至于其余的部分，整个地点被掩埋在堆积如此深的碎片和蔓延的丛林之下，以致大部分存在的遗迹都没有被发现。因此，第一步是清理被生长的丛林覆盖的领土。然后已经开凿出来的南边和东边的大舍利塔，可以证明在天然基岩上面覆盖着相当厚的碎片，这样有理由去期望（期望证明是相当合乎情理）大量的遗迹也许会被发现。在遗址的南部可以看到建筑大部分都在原生岩上面。但是在东边的这些只构成了最主要的地层，在它上面仍然有各种早期建筑的遗迹。这些遗迹给后来探索者的发掘留下了目标，很明显不同地点的寺庙住所的特征是相似的，这为我们探索未被发掘的区域指明了方向，丰富了当下关于遗迹的知识。第三个要完成的任务是把所有的遗迹放到一起，保持它原有的实际状态。在众多措施中完成这个任务最重要的困难是：第一，拆除和重建整个西南象限的大舍利塔，其靠近即将倒塌的西部和南部的通道,也包括其中的栏杆；第二,神殿 18 的保存,其僵硬的塔器倾斜在危险的角度，必须重新修复使其建立在稳当的基础之上；第三，重修神殿 45，神殿连最后一个平台都腐朽了，这对于每一个进入的人都是危险的。另外一个值得一提的措施是，重建保留下来的介于中心和东部的梯田之间的墙、圆顶、栏杆和加冕的第三个舍利塔伞形结构的重建；神殿 17、31、32 的重新置顶和整体修复；以及大舍利塔地区有效的排水系统修复（包括连接旧的零星的人行道）；通过粗略的水平校正使草坪和花草覆盖地点得到整体的提升和美化。

最后，保护大量的从这个地方散播出去的可移动文物依旧是一个问题。为了解决这个问题一小部分博物馆被建造，其中雕刻、铭文、建筑的碎片适当的安置和编入目录、计划、照片和其他的材料已经被分发给观光者去帮助他们了解这些独特的遗迹。

第二章 桑奇山丘和它的遗迹

通过简单的历史回顾，我们现在转向桑奇大塔及其遗迹。成群的遗迹所在的山丘位于今印度中央邦(Madhya Pradesh)首府博帕尔(Bhopal)城附近。

桑奇的精确位置是北纬23°28′、东经77°48′，距离比尔萨5.5英里，伟大的印度半岛铁路从那里穿过。所处山丘怎么看都是不起眼的，远远望去与西部和南部的临近区域混为一体。山丘海拔不足300英尺，形似鲸鱼背部，现在的桑奇村庄——在鞍部若隐若现。所有置身于温迪亚山脉的邻近村庄，逐渐消融在中印度的高原之中。温迪亚山脉的地质构造是砂岩，斜坡层层叠叠往一边倾斜，古代佛寺建造者在这里发现了一个易于开采的采石场。在山崖陡峭的斜坡中，植物自由茂密地生长，由于海拔高、阴暗峭壁阻挡了阳光直射，山坡南面的植物长得尤其繁茂。在这里长青的khirni树（拉丁学名mimusoþs kauki）尤为盛产。初春时分，一种叫"森林的火焰"（dhākor）的灌木灿烂绽放，如同它欢悦的名字一般，一丛丛使山坡变得闪耀迷人。20年前，当笔者（马歇尔爵士本人）第一次开始挖掘桑奇的遗迹时，热带丛林藤蔓在山顶疯狂蔓延，唯有斧劈刀削，方见伽蓝废墟。挖掘结束之时，湮灭千年的佛寺重见天日，考古队在垂直光滑的佛寺基址周边再度植树，芳草萋萋，绿荫如盖，山头更加美丽。

桑奇附近温迪亚山脉上的砂岩，砂质各异，异彩纷呈。建造桑奇大塔的石材大多在桑奇本地开采。砂岩有灰紫、淡棕，易碎而难雕，却易锤炼。历朝历代，这些石材主要用于佛塔塔身、佛寺基址、殿堂底座、僧寮和庙宇的门楣和四壁；但在中古时期，砂岩也被用于造像和各种雕刻，尽管它易碎、却可堪雕琢、成品精致细腻。第二个砂岩是在附近的纳久里（Nāgourī）山上开采，岩质更为柔软，色彩有灰白、淡黄、略带桃色的。它用于3个主要的舍利塔栏杆：神殿40的柱子、神殿17的上层结构（并不是门楣）、半圆形神殿18的柱子和其他建筑构件。第三类来自距离桑奇4英里的乌德耶吉里山，白色或者灰白砂岩，至今依旧出色，起初被用于舍利塔1、3的通道上，之后用于圆雕雕像上。乌德耶吉里砂岩优于纳久里砂岩的特点是，甚少断层、瑕疵，可在巨岩上采挖，质地优良，可用于最微妙精致的雕刻品。

除了桑奇村庄能在平面图（Pl 1）上看到，坐落于鞍部之东以外，第二个村庄迦迦（Kānākhedā）坐落在山脚西北。村落虽然贫瘠、肮脏，村庄名和村中居民却貌似很"摩登"；古代还愿物铭文中记录了很多地名，但两个村庄名并没有录入。早期婆罗米文（Brāhmī）记载：古代桑奇名字是 Kākanāva 或者 Kākanāya，但是在旃多罗笈二世统治时期它是 Kākandabota，之后一直到 7 世纪末期它又名为 Bota-Śrīparvvata；马君达尔先生[①]（Majumdar）指出，在薄婆菩提（Bhavabhūti's）所著的《茉莉和青春》《Mālat Imādhaua》中所说的 Śrī-parvvata 可能就是指 Bota-Sriparvvata。

现在上山主路是从小的火车站先走一段直路，穿过朝桑奇方向崎岖的斜坡，在水槽附近再向右急转弯，这儿的路堤年月都是古代修建时候所刻。道路是用厚石板沿山径铺成阶梯，之后向南延伸 80 码、进入被群山包围的西北地区。忽略它古拙的外观，大部分路面都是现代结构。在早期有一个明确的小径，从拐弯处低洼的小水塘往上，再从北往下、进入僧伽蓝[②]。但是现在的路是被科尔上尉在 1883 年扩建的，随后笔者于 1915 年将其彻底重建和铺设，这个新路从西部境内小领地进入到第二舍利塔，从那里到山底的路也被修葺了。当毗迪萨是繁盛城市时，酋长从东北直接开通了到山顶的道路，上升到山的靠近 Purainiā 池塘西北角落的一边，穿过 Chiknī Ghāṭi 切割成了一个圆形，至高原的北部，长达 50 码到现在入口的东边；当然一边的小路也从此处分散开来到东边的中间。至于后者，一个短截面仍然存在于循环墙的外面，旧的两个长的主路被保存在 Chiknī Ghāṭi 飞地的北墙之下。

这条小路是由长条石板沿着山径横向铺就而成。现在大多数的石板都已经支离破碎，那些保存完整的石板经过测量长达 12 尺，这让我想起，

---

① 马君达尔：著名历史学家马君达尔（R C Majumdar），著有《古代印度》《高级印度史》等。

② 僧伽蓝：梵语 saṅghārāma，僧加蓝摩的简称。又作僧伽蓝，意译众园，又称僧园、僧院。原意指僧众所居之园林，一般用来称呼僧侣所居之寺院、堂舍。

这些和锡兰[①]早期佛庙中、用于陡坡上的石板是一样的。

第二条道路和第一条道路的建造风格是一样的，毫无疑问是同时期的，始建于离现在这个招待所背后不远的山脚下，到达 2 号舍利塔的线路与现在的道路相同，从那里弯向了东南方向，经过一个现在已经形成一个水池的废弃采石场，然后登上了一个平台，这个平台在一现代阶梯的南部。

站在山眉，放眼望去，在西南下方，纳久里 (Nagouri) 一座独立的小山与桑奇所在的山丘相连，一个宽广的人造堤坝（Pār），把纳古里山西边第二条更长的堤坝与低处的山连成一条线，通到西边。堤坝的平均高度是12—15 英尺，宽度大概是 35 码，内面砌石。最终建造者的目的是建立围绕山体的排水系统，借地势形成一湖，这样也可以引水灌溉下游的低地。这些路堤还不知道建成年代，但是它们的结构特征表明它们建于公元前，可能是在巽伽王朝时期，毗迪萨还处于鼎盛时期，桑奇伽蓝也在此时建造完成。僧侣不事农耕，但灌溉富足了穷苦村民，引发当地繁荣，寺院也间接获益。

除了这些大湖之外，还有一些伽蓝从其他三个小水库获得水源。其中最大的是倚靠在山体东部的 Purainiā 水库(talāb)，这片水域长度大于400码，宽 130 到 140 码，距离它的东北地区不远，被一个人造的堤坝从三面阻挡。山脚处主路从毗迪萨向前延伸，寺院的主要水源供给可能来自于这个水库。还有一个更小的蓄水池被堤道分成了两半，它们被尊称为 Dahor ī 和Madāgany，处于山脊的西边，现在 Kānānkhedā 和桑奇的村民可以在此游泳和洗漱；但是和南部大量的 satī 石头一样，这个水库的年代也可以追溯到中古晚期。这三个水库中第三个也是最小的一个，在山脚下到现在山坡的半山腰处，有一个突出的岩崖，就像 Puraini ā 水库一样，三面都被结实的堤坝隔开，用粗糙的石块铺设在小页岩和泥土地上。尽管它的位置不好，但这个水库现在仍然储水，现在仍可以供应桑奇村的牲口饮水。它的年代

---

① 锡兰：今斯里兰卡。

不早于 Puraini ā 水库的年代，位置是在去寺院的半路上，很明显是为僧侣的使用而设计的。

　　佛教徒第一次在桑奇山安定下来是什么时候？是在阿育王统治时期，还是在更久远的佛陀世尊的有生之年？对此并没有明确的答案。有关佛教徒的编年史《大史》显示，在阿育王时期之前这里已有佛教遗迹的存在，但是并没有确定遗迹的真正范围。在《大史》里有一个故事，讲述的是阿育王在优禅尼（Ujjayin ī）担任总督时，在他从华氏城到新的领土的半路上，停在了毗迪萨，和当地一个银行家美丽的女儿黛维结婚，育有两个儿子摩咸陀、Ujjeniya，和一个女儿僧伽密多 (Sa ń ghamitr ā)①。据说阿育王就任之后，派遣摩咸陀王子带着传播佛教的使命前往锡兰，摩咸陀王子在出发之前去看望了在毗迪萨的母亲，母亲把他带到一个名为支帝耶山 (Cetiyagiri) 的漂亮寺院。支帝耶山，意思是有佛教支提的山，证明《编年史》(《Ceylonese Chronicle》) 中关于摩咸陀王子到海外传播佛法的故事是有据可依的。据说这个山就是桑奇，在那里阿育王修建了舍利塔和一个柱子，附近却没有发现任何同时期遗迹。不幸的是，支帝耶山从何时得名，我们无法得知。如果是在阿育王之前，支提并不像是舍利塔、舍利坛，因为像我们现在看到的一样，礼拜佛塔事实上是从阿育王开始，但是可以得到它可能是源自其他狂热宗教徒礼拜形式的影响。大致上看，在阿育王所有的舍利塔建成之后，支帝耶山更像是被用作山的名字。舍利塔确切的是哪一年建造得我们不知道，可能是在摩咸陀王子受命去锡兰的前 15 或者 20 年，在阿育王加冕礼后的第 21 年，华氏城所召开的第三次大集结。即使它只是在 5 年或者 10 年前被建立，这个山作为支帝耶山的名号也有足够的时间被大家所知。

　　第三个可能就是《编年史》中写到的支帝耶山的名字在公元 5 世纪以前已经开始使用，不会早于阿育王统治时期。这样的联系值得注意，当时

① 阿育王把儿子摩哂陀和女儿僧伽密多罗送到南方的锡兰，诉诸理智，推广仁爱，以佛祖之慈善换取人间之和平，对佛法在斯里兰卡的传衍做出不可磨灭的贡献。

作者在编写《大史》①的时候对这座山的名字就不确定，《大史》的一些译本中作为"卑地写山"出现代替了支帝耶山。不管这个山的真正的名字是什么，他们所指的就是桑奇。

　　至于什么时候桑奇的僧伽蓝摩第一次被发现，事实证明这个问题并不能从锡兰编年史中推断出来。很有可能是一些佛教徒的定居是早于阿育王统治时期的，因为佛教徒定居于此，阿育王选择了这个地方建造舍利塔和阿育王柱子。然而，这仅仅是一个猜测。就好比阿育王自己发现了僧伽蓝摩然后在此建立了舍利塔，并不是因为毗迪萨是他的王国中最大的一个城市，而是为了纪念美丽黛维的出生地，一个给予他美好记忆的地方。

　　至于其他著名的遗迹的情况，比如菩提伽耶 (Bodh-Gayā)，鹿野苑 (Sārnāth) 和迦尸国 (Ƙasiā) 建造场所的选择是因为它们被佛陀尊为神圣的地方，这些遗迹是用来纪念佛陀生平的一些事迹。比如说他在菩提伽耶的顿悟，在鹿野苑的第一次布道，在迦尸国的涅槃。桑奇与佛陀的生平事迹没有这样的联系。除了上面提到的不确定的参照外，在巴利文《大史》中没有任何一处提到它好像必须和佛陀的生平有直接联系。甚至在 4 世纪和 7 世纪，中国的朝圣者法显和玄奘在印度取经，那时桑奇应该还在全盛时期，对于其他的僧伽蓝摩他们都有许多描述，但对于桑奇的僧伽蓝却没有多少记录。这样有意的省略是不是一种巧合，令人吃惊，使人百思不得其解，如果我们比较印度现存的佛教遗迹，桑奇真是其中最为壮观和有启发意义的地方。

　　大部分的遗迹积聚在山顶形成一个类似不规则的椭圆形围墙，据测量从南到北大概 420 码，从东到西 220 码。在这个领域范围内山体岩石的表面最初是由东向西缓缓倾斜，它的最高点就是神殿 45 号的庙基，从这里有 300 英尺的急剧下滑直至平地。但是在阿育王统治时期，当大舍利塔被建造的时候，在西边平地的中间有一个平坦的区域被切分成几个不均匀的

---

① 《大史》：佛教史籍，早期巴利文的斯里兰卡王朝与佛教的编年史，亦名《大王统史》。

表面，部分被残片覆盖然后掩埋。高台因此形成，首先是大舍利塔和阿育王石柱，随后是大量更小的舍利塔，圣殿 17、18 和 31 号还有柱子 25、26 和 35 号。在这些遗迹上水平的平台一度往东延伸，毫无疑问在那个方向也有其他同类和同时代的结构，但之后它们损毁，而其遗迹便作为新建筑的地基，因此重建的进程和累积一代代的进行，直到中世纪末一个延伸的平台在这个地段的某一部位形成，大约在西部主要区域的 14 英尺上方，它被一个高的防土墙分开。接着，防土墙建筑现在仍然作为一个独立的部分位于更高的梯田上面，也许被简称"东部地区"，之后的大多数时期都是这样称呼而不是主要的地段。这个组合包含了中古时期的寺院 44、45、46 和 47，小的有三个隔间神殿 32 和有塔楼的十字形建筑 43，可能是这个地方最后的遗迹了。第三组建筑群或多或少和上面提到的两个有区别，位于平地南边的不平的地面之上，除了其他建筑外还包括三个小的中古时期的遗迹 36、37、和 38，（插图 20-21-22）在桑奇最古老的建筑之一的有柱子的大厅堂 40 和正方形的底层 8。

围绕着高地结实的石头墙好像是在公元 11 或者 12 世纪初建造，但在 1883 年被扩建，在 1914-1915 年又被作者重建。对于长度更大的部分在原生岩上被发现，但是其中东边的部分以中古时代建筑废墟的形式继续存在。这个墙西北拐弯处的路口是科尔上校重建的。老的入口似乎已经被设在距离东边有点远的地方，在这点上古老的道路早已绕过了围墙。

除了完全在佛寺山顶范围内的纪念碑性建筑，有一个很重要的舍利塔，仅次于大舍利塔，有意思的是它坐落在西边下山半路上的人造平台；有其他大量次要的残迹在山体的同一边四处分散。这些残迹将会为桑奇遗址的断代提供很大帮助，它们可能被建造或修补于孔雀王朝及巽伽王朝时期，安达罗或者更晚的年代。我们如果对零星分布的残迹进行逐个断代分析，可能会过于复杂，太多细节使读者难以理解。所以我们要采取较简单的做法，一组一组地处理，对每一组都进行完整的描述。与此同时附加在下面的时间表也可以帮助读者了解在时间的进程中所发生的不断添加或者改变。

遗迹的时间表：

孔雀王朝	巽伽王朝	安达罗王朝	笈多王朝 （公元4到6世纪）	中古时期 （公元7到9世纪）	中古时期后期 （10到11世纪）
舍利塔1：最初的砖石构造； 神殿18：最低的基底 建筑40：拱形大厅的基底 神殿40的人行道西．和南．西（或者是前孔雀王朝）	舍利塔1：石头的表层；地面，台阶，护栏，楯栏舍利盒盖子，人行道上的神坛和主要台地 舍利塔3：舍利塔的主体和护道，楼梯，护道，哈米嘎的栏杆，骨灰盒 建筑40：建在拱形大厅遗迹上的柱形库里须那寺庙前面有柱廊或列柱厅，称曼达波 建筑8.主要的坛南部的防护墙，神殿18中穿过人行道西．和南．西的基础墙 舍利塔2：建筑的主体和崖壁；土地，楼梯，护道，楯栏杆和舍利盒 坛和舍利塔2坏掉的柱子北．-北．-西 在山的西边斜坡上拱形庙宇的遗迹	舍利塔1：四个通道和栏杆的广阔范围 舍利塔3：栏杆的范围和通道，楼梯平台角落的柱子 **南方地区** 神殿8：第三层（从顶上数） **东部地区** 舍利塔2：土栏杆上柱子22和27的后期雕刻	舍利塔1：在参道上的四个罂坛 **舍利塔：5、7、12、13、14、15、16** 舍利塔：28、29 柱子：26、34和35 神殿18：第二层 神殿：17 神坛：9 神殿31：底座、莲花王位下的基架，龙（Naga）[1]雕像 寺院36 寺院46和47，在人行道场47下方更低的地层上的遗迹 **山的西面**	舍利塔6：饰面 神殿18：石柱和墙，赤褐色的碑 神殿31：重建的墙，柱子，莲花座和影像 建筑19、20、21、23和道路20 神殿40：神殿库里须那寺庙（Chyesilin Mandapa）前面有柱廊或列柱厅，称曼达波底座东边的门廊 建筑8：楼梯斜坡南边的围墙 寺院37和38 建筑42 神殿45：早期神殿的基座，在天井边上北．南和的巢房路边石和三个舍利塔的基座，在晚期圣所拐角处的壁柱和在相同圣所的2个壁柱 建筑44 寺院46和47：在人行道47上层的遗迹 建筑43：院子下方早期的遗迹	神殿18：拱点山的石头；门内雕刻的侧柱。 神殿45：在圣所现存的神殿和雕像，在同一圣所前方南和北的坛，隔间和游廊 寺院46和47：现存的上层建筑 建筑49和50，与邻近的边界墙 建筑32 建筑43

　　龙（Naga），印度神话中居住在地下的蛇神，一般被描绘为上半身人形。作为蛇神的那加，传说除了拥有剧毒和再生的能力外，更被人们作为掌管生死的神灵来崇拜。传说中它们居住在地下或水中，拥有可以照亮黑暗的地底世界的罕有宝石。在很多神殿的入口处都有那加的塑像，人们希望借它的力量得到守护。后来佛教东传，为了扩大在本土的影响力，逐渐附会本土文化，把那伽翻译成为龙（Naga）了。库里须那庙（Chyesilin Mandapa），位于杜巴广场进入中庭前的左边，呈八角形，非常美观。库里须那是湿婆神的第八个化身，加德满都各处都有供奉此神抵的寺庙。

第三章 大佛塔和阿育王石柱

　　如今耸立的大佛塔，包括了顶端的半圆顶覆钵，宽阔的平台围绕着底部，上面有条小道在古代是巡道，在塔的南边有两组楼梯都可以上去。地面上的第二个巡道被石楯栏围住，楯栏上有简洁的图案，有四个方位的塔门入口，塔门上装饰着丰富美丽的浮雕。人们曾经认为大佛塔就在它现在的地方被建造，和南塔门附近的柱子一样，都是在阿育王统治时期建造的，周围的楯栏很有可能和建筑主体同时建造，塔门是在公元前2世纪添加的。但这些假设都不成立。在1882年约翰逊上校和斯皮尔斯伯雷博士（Dr. Spilsbury）在对大佛塔的描述中说到这个塔的核心结构是砖砌在泥里，部分Capt.J.D. 吉尼·坎宁汉姆[①]上尉绘制的图画显示砖头核心的直径占整个塔体的一半。后来，麦塞先生帮助亚历山大·吉尼·坎宁汉姆上尉垂直打了一个竖井探方，据记录砖的核心大小是16×10×3英寸。这些专家给出的砖块尺寸为1916–1917年重建佛塔提供了参考，因为考虑到西南方向有下陷的危险，所以必须拆除超过建筑主体的三分之一直到基座才能修复，这样能清晰地看到砖头核心和外包石头的情况。在了解了这些细节之后，令人诧异的是塔内部砖头的核心和外部包裹的石头是同一时期修建的，显然对于建造者来说，用石头要比用砖头方便而且花费少，其效果是相同的。

---

① 坎宁安：亚历山大·坎宁安爵士（Sir, 1814—1893） 英国考古学家。他最早开始在印度本土发掘早期佛教遗址，发现鹿野苑、那烂陀寺、桑奇大塔等遗址而闻名于世。并成立了印度考古学会。

这种现象在印度和缅甸可以找到很多案例，这种做法在各时代的佛教徒中都很普遍，一层一层地给他们的舍利塔添加石封，每一次都比前人更加让人侧目和繁复。越是著名的舍利塔，越是如此被扩大。比如，由阿育王在萨尔纳特的鹿野苑修建的舍利塔大约有四层后添的石封；那烂陀的大佛塔也有不少于五层这样的石封。而对桑奇的舍利塔毫无疑问的是，它的砖块核心代表了原始的建筑结构，外面的石头是后加的。唯一需要回答的问题则是原始结构和后嵌入石头的确切日期。对于前者而言，已经通过对阿育王的考究找到了答案，做此预测的原因有如下几点：第一，砖石的舍利塔和南塔门附近的石柱起源于同样的楼层水平，并归属于同一个帝王统治时期；第二，与此砖块构造和大小极为相似的砖块也用于阿育王统治地域的其他建筑物中；第三，在阿育王统治时期的其他所有的舍利塔都是由砖块修建的；第四，在大塔附近发现的质地优良的伞形砂岩碎片表明了阿育王建造的舍利塔的存在，此种砂岩是他统治时期极其显著的一个特点，它们被切割，打磨后广泛用于他的纪念碑中。

综上所述，这些证据都清晰地表明了阿育王是此佛塔遗迹的原创者，即使没有上述证据，我们归功于阿育王是比较可靠的。可以理所当然地认为原始的舍利塔是建立在石柱之前而不是之后，同时，由于后来的舍利塔上都刻有阿育王的题记，这就表明那些舍利塔要么是他修建的，要么就是他的一个前任建立的。我们知道，舍利塔是印度一种非常古老的纪念形体。与其他国家一样，它是古墓或葬礼堆，起源可追溯到印度最古老的时候。永世纪念的佛陀遗骸被分给了临近的八个城邦（即历史上的八王分舍利）：王舍城（Rājagriha）、毗舍离（Vaiśālī）、迦毗罗卫（Kapilavastu）、遮勒国（Allakappa）、罗摩伽国（Rāmagrāma）、毗留提（Veṭhadīpa）、波婆（Pāvā）和拘尸那罗（Kuśinagara）。我们也读到，中国的朝圣者法显和玄奘为释迦牟尼的舍利所建的舍利塔已超过了位于舍卫城的迦叶佛，迦毗罗卫地区的拘留孙佛和俱那含牟尼佛的舍利塔。这些在其他的文章都有明显的说明，甚至是在佛陀时代，印度舍利塔的建造都肯定是一个常规的做法。然而，佛教徒们直到阿育王时代才把舍利塔作为圣迹而礼拜。早期的佛教文学作品富含有伽蓝寺院建筑的描述，而且事无巨细记录了关于僧众们的日常生活，但是在阿育王时代之前的书籍中，却没有关于舍利塔礼拜的只言片语。如此的遗漏是不可想象的，如果这些佛塔既被早期的寺庙所敬奉，也被后来的寺庙所敬奉。毋庸置疑的是，那八个存有佛祖舍利的舍利塔是纪念佛祖用的，但是，在阿育王时代之前，完全没有信息表明舍利塔被当作是佛教信仰的象征。佛塔遗址的历史证据以及文学等信息在这点上都是清晰可见的。在数不尽的远古时代的舍利塔中，没有一个年代是在阿育王之前。就佛教而言，对舍利塔的狂热祭祀崇拜，是从阿育王开始的。当他广泛传播这种崇拜时，阿育王自己都没有预见这样做可能对佛教产生巨大影响，但他利用这种狂热的宗教崇拜，来团结举国上下，是不容置疑的；同时，如果考虑到那个时代的佛教处境，我们会发现他这样做还有很多原因。到公元前 3 世纪，各式各样的异教和分裂活动开始出现。新的宗教和社会理想正开始取代旧的。早期教派的局限，清规戒律和利己主义已不能满足人们需求。早期的观点过于苦修远离生活，知识的传授也过于学术化。此时，人们头脑中迅速出现了另一种关于爱，心和行为的方式：救人也救己的方式。随着这些变化的理想，佛陀自己的地位也不断变化着。他已不仅仅是传授离苦得乐、解脱之道的导师；他已经变成，或者至少正在迅速转变为昭朗万有，衽席群失的世尊、大舟，按照他的教义，佛陀的肉身已经入灭，涅槃寂静，但是门徒们坚信佛陀的法身不灭，遍虚空无所不在。那么，僧团渴望壮大，丛林渴望弘法，吸引更多信众，它绝对有必要使自己兼容并蓄，润物无声；不仅如此，如果它要按照阿育王自己基于国家层面的目的来考虑，它必须要展示出比过去更加包容的精神，必须广泛吸纳不同种族和社会各个阶层的人，并且时刻要准备着接纳和发展自己本身的机制，教义和佛祖当时都没有想到的神灵。我们所信奉的这些，对于致力于将佛教作为帝国统治力量的阿育王而言，是不言而喻的。他自己是一位非常虔诚的僧伽，也是一个开明和实际的人。在华氏城，阿育王主持了一个结集大会，权威性地制定了佛经手稿的标准，并化解了教派的纠纷，但他更关注国立寺庙的统一，而不是形而上学或神学的信条。佛教教义可能对于僧团及其门徒都很重要，但这些人毕竟是小众。因此在他的法令中，阿育王没有谈到关于信念的基本信条——四谛，因缘，八正道，涅槃等。在巴布拉法令中，阿育王表明了对佛教三尊的尊敬：敬佛、敬法、敬僧，同时他称赞了佛陀在佛经中有关禅修的话语，但他所重视的法并不是专门针对佛教所说的正法；那是一部由他自己颁布的虔诚的法律，尽管全部和佛教信条一致，它几乎和耆那教或婆罗门教以及其他印度的教派没有区别。法律的主要原则是纯粹有关道德的：真理和纯洁，节制和约束；尊敬生活的圣洁；服从父母与长辈；尊敬老师；对亲戚和朋友，婆罗门人和苦行者慷慨；对奴隶和侍者仁慈和体贴；最后同样重要的是对宗教的容忍。通过颁布这些简单良好的关于行为和伦理道德的准则，阿育王希望使佛教成为社会中坚的力量，希望提供一个解决教派冲突的平台，同时期待吸引外族和不同信念的人。为了追求他的这些梦想，他不仅仅在自己的帝国内弘法，还超越国界去弘法。然而，他所颁布的条例和训诫，他慷慨的善行，他使命般的活动以及他自己不屈不挠的热心和楷模，没有一个对佛教产生革命性的影响，直到他给予王国各个重镇一部分佛祖的舍利并下令建立舍利塔时，历史才由此改变。按照《譬喻经》所言，舍利塔的数量达到了 8,4000 座。虽然这有点儿夸张，但阿育王所创的教义，作为皇家礼物对僧伽蓝产生的影响是惊人的。圣骨崇拜，是一个古老世界的风俗，但是在印度的佛教徒中，舍利供奉空前风靡，胜过婆罗门教的圣物崇拜。公元前 3 世纪，偶像崇拜的时代还没到来；佛陀在人们心目中具有天神一样崇高的地位，佛教艺术只有佛的足迹、圣树，并无佛像用于信徒祈祷和供奉。因此，当他们得到阿育王新分发的舍利之后，便有了礼拜的对象和精神寄托。人们坚信舍利蕴含着神奇的属性，但它们的内涵不止于此：作为佛祖身体的一部分，这些舍利拉近了人和佛的距离，增强了他们在今生生活中对佛祖的信念，同时唤醒了忠诚和爱的精神。这就是来自阿育王珍贵礼物带来的第一个立竿见影的结果。第二个随之而来的结果则是，高僧的舍利也连带受到崇拜：佛陀弟子舍利弗和目犍连，还有另一些弘法高僧迦叶波哥达（Kasyapagotra）和 Madhyma 都被供奉在桑奇 2 号舍利塔。一个更加广泛的阶段则是，舍利塔的建立不是为了供奉舍利，而仅仅是为了纪念一些佛教的圣地。最后一个阶段或许也是发展最为宽泛的阶段，即对舍利的崇拜转移到了对舍利塔本身的崇拜，由此，舍利塔成了最有形和最广泛的信仰象征。无论建造什么样的外形、结构、大小的舍利塔，都被视为一种功德，是造塔者离解脱之路更进了一步。因此，各种各样此类的纪念塔大量涌现。有一些处于山野，巍峨壮观的舍利塔，如桑奇大塔是由一群大小高低各不相同舍利塔围绕而成的舍利塔；另一些则是在半圆形的小庙，人们可以在有遮盖的壁龛下礼拜。但是，舍利塔崇拜不止于此：大大小小不计其数的舍利塔、塔身、通道、扶手、礼拜墙上都被刻画上了各种图案。后来到了中古世纪，由黏土和石膏做成的微型雕像，才被大量地埋在舍利塔的中心。早在公元前，舍利塔就已经成为五印度①大地上每个伽蓝的核心，而且被视为公开可见的佛教象征。更深入地去探寻舍利塔崇拜的历史是很有趣的，并能知道它是怎样引导了偶像的崇拜，但我在这条路上偏离了很久。我想指出的和我希望的现在将清晰地给予你们：舍利塔大兴，寺庙丛林巨变，都归功于阿育王广分舍利，因为在他之前没有舍利或舍利塔崇拜。因此，桑奇大塔也不能追溯到更早的时代：附加一点的是，作为广为接受的信仰象征，不仅是舍利塔，阿育王自己的纪念物和大石柱也广受尊崇。阿育王石柱是后来桑奇 25，26，34 和 35 号石柱以及不可计数的其他类似的地方石柱的原型；同时，它上面的图案，也出现在其他石柱，围栏和塔门的浮雕上。

然而，回归到桑奇大塔，在添加外部石封之前，从我对其核心建筑的考察，因岁月淹久，风雨肆虐，原始塔砖已经倾毁不堪。创建者的名字确

---

① 五印度: 印度《往世书》中将印度划分为五印度,分别为东印度(Pracya)、北印度(Uttarapatha)、西印度（Aparanta）、南印度（Dakshinapatha ）和中印度（Majjhimdesa ）。《大唐西域记》中记载: "五印度之境，周九万余里，三垂大海，北背雪山，北广南狭，形如半月"。

实不明，但这样的推断是安全的：它出现在孔雀王朝衰落之后，在外层石封添加之前；因此，这可以根据弗沙密多罗的法令做出一个可信的推测，弗沙密多罗作为巽伽王朝的第一任国王，因其对佛教心存敌意以及对神圣丰碑故意破坏的行为而恶名昭彰。不幸的是，对舍利塔的破坏太严重了，以至于现在不可能断定其原本的样式。可是，这里有一点小疑惑，那就是与鹿野苑阿育王舍利塔尺寸一样的舍利塔，如一个含有环形石柱走廊且直径达 60 英尺的舍利塔塔基，接近半球型的外形，有皇冠般的小尖塔①，覆盖着一个或数个宝伞（chattravali），并带有一个和鹿野苑舍利塔上整块石料一样的小方形栏杆。还有一点小困惑，则是它们的地面水平围绕着雀王朝时期流行的伞状建筑构件的残片，据推断它们可能是塔尖的一部分（Pl，104 a）。正如在鹿野苑的阿育王舍利塔找到的残片一样，它们也是由贝拿勒斯附近采石场的砂石建造，同时，法勒石柱也采用了砂岩，如宝伞一般，外部是平整和精心打磨的，内部由四个非常精致的浮雕肋拱支撑，展示了阿育王朝统治时期前无古人，后无来者的石工切割工艺，推测原本可能有木制的塔小道和环形的栏杆，同时在走廊的护堤上也环绕着小栏杆。我在舍利塔附近找到了许多孔基和高台，因为这一部分的遗迹今天已不复存在。在阿育王时代，石雕必用锤穿石工，文物仅存鹿野苑阿育王舍利塔的塔尖。一般来说，围绕佛塔的栏杆是木头的，我们可以看到先前木制栏杆的被一丝不苟地复制到后来石制栏杆上，但细节有所变化。石头的广泛运用始于公元前 2 世纪，可能是由于希腊化大夏王国征服了印度的旁遮普邦，对北印度和中印度产生了影响，石头才被更普遍使用。需要指出的是，栏杆是所有早期舍利塔必有的一部分，但是并不局限在实物崇拜里。曾经，栏杆也建在树木、石柱、圣祠和神殿的周围，用来保护和昭示这块地方的神圣。在这种情况下，栏杆的重要性体现在其实用目的上，毋庸置疑的是这种建筑形式远在佛陀出现之前就已存在。有时栏杆用于礼仪，突显圣物，有时

---

① 小尖塔：harmikā 球顶藏设圣骨的四方体，又称宝匣。

也日常使用，塔门上丰富的浮雕也是如此。

事实上，吉尼·坎宁汉姆上尉在佛塔里没有找到任何舍利，总结出它是用于专门供奉本初佛及所有菩萨的鼻祖，而不是释迦牟尼佛。他提出了在第二次佛教大集结之后不久舍利塔就存在的理论；同时，大量存在的石头楯栏都建于阿育王时期。这些理论实际上是没有依据。我们已经知道最初的舍利塔可追溯到阿育王时期，同时，建造这些舍利塔的唯一的目的就是供奉肉体的遗骸，而不是作为纪念碑之类。因此，很自然地就能得出阿育王就是存世众多舍利塔的创立者。如果我的推测成立的话，那么弗沙密多罗和巽伽王朝大肆破坏这个舍利塔和僧伽蓝的唯一目的就是想摧毁那些遗骸。在早期的舍利塔中，舍利函通常要么是埋在地基中，要么是安置于圆顶的中心。然而，这并不是不变的法则，当后来增加了石封，它们也曾被安置于圆顶的顶部。不过，无论它们安置在哪里，那些破坏者们都能毫不费力地打碎那些泥和砌砖而得到舍利。

在距离阿育王舍利塔南塔门大约 50 英尺的地方，阿育王建立了一个壮丽的石柱或者（lāts）。据说，许多年之前，当地的一个地主将石柱断成几节，当成石碾，用于榨糖。但是，一些残余部分仍留在原地（Pls.7,106和 107），破碎的长形柱体散落在地面，最主要部分——顶端的狮子则被保存在当地的博物馆。石柱原本是 42 英尺高，它的下部是一个上方略微收缩的圆柱；其上是一个顶端系有环形的钟形柱头，柱颈由条形叶装饰，再其上是一个圆盘，上面托举四个雄伟的狮子，它可能是释迦族的图腾狮子，狮子是释迦族的象征。钟形柱头和顶上的狮子是整块石头雕刻而成。圆盘四周装饰着四个金银花型的图案，每两个图案被象征佛祖弟子的一对鹅依次分开（Pls.107a）。下一章节我们将会讨论这一突显出来的杰出的雕刻艺术，但现在，我们唯一需要注意的则是，在风格和技术上，四狮子柱和鹿野苑的阿育王石柱显示出了惊人的相似性，尽管它们的立体感没有达到那个水平，但因其无上的装饰设计的四狮子头上刻有"法轮"（梵文dharmacakra）而又区别于鹿野苑，桑奇没有此类的符号。

图四 104

阿育王时代的狮子，柱顶和方尖塔表面都打磨出玻璃般的光泽而区别所有其他的石刻物品。这些建造石柱的亮灰色上等粗粒砂岩，是来自前建造宝伞的同一个采石场，同时，这也充分说明阿育王时期的工匠们竟然能运输长约 12 米、重达几百吨的石料到约五百英里之外的地方。毫无疑问，他们利用了水运，在雨季的时候恒河，亚穆纳河和贝特瓦河的水位上升，而贝特瓦河离桑奇仅有一英里远。但即使是这样，将如此笨重的巨石运到这里，再搬上桑奇陡峭的山坡，能够完成如此宏大工程，对于今天任何工程师而言也是值得炫耀的事了。

在阿育王建立石柱和舍利塔的时候，或者是石质栏杆肃立在大塔周围的时候，他们脚下的地平面基本上是低于现在的。当石柱基础被作者打开的时候，这一事实被此地区挖掘出的无数壕沟和沉下的深坑而更确切地证实了。据发现，石柱底部是直接坐立于低岩之上，与其他阿育王石柱一样，都是被开凿和打磨过的高约 2.4 米的圆柱。地下粗糙的底部是由大块的石头如筑造城墙一般填满的，在这些石块的顶上是一层碎砖块组成的大约 6 英寸厚的地层，而此地层恰好是粗糙基础和光滑石柱的交界层。由此可见，碎砖层可能是石柱建立之后立即就铺上的，也就是说，在那时，地层与石柱柱头的粗糙与光滑部分的分界线是一致的。考察还发现，碎砖地层延伸到了舍利塔周围所在的地域；更重要的是，这是最早的有遗迹存在的地层；在它之下什么都没有，仅仅是孔雀王朝时期建筑者们用来填补洼地和凹处的一层不计其数的乱石而已，并由此而形成平整地面。

另一方面，在碎砖层之上相继出现的残地层，为后阿育王时代的统治提供了实足的证据。读者们可以在附录部分（Pl.7a.）找到关于这些地层以及阿育王石柱之间关系的参阅资料。第一层，是覆盖约 4 到 5 英寸厚的粘土层；第二层，是约 13 英寸厚的捣碎的石灰砖石层；第三层，是约 14、15 英寸厚的铺着石灰层的地层；再上一层，是一层更多小的泥质石头组成的地层；最后一层，则是大概延伸至了大塔周围所有地域的石头薄板坯层。目前，没有人反对的事实就是，最早的这些地层就是铺在由泥土和残砖组成的劣质地基之上的；同时，更可能的是，在那之后人们很快就来填充其中的下陷地层并铺上新的地层，但没有这样的下陷地层，可以展现出后来所铺地层是稳定的残石堆积层。任何一个熟知印度佛教发掘地点的人都知道，这样的累积层是缓慢地出现的。在这种情况下，这么多铺好的地层几乎是不可能在一个世纪之内形成的。事实上，那个过程应该长于一个世纪；但是，如果假设石柱是在公元前254年左右建造的，那么这些地层学的证据就明显地显示出，最后一层铺层和大石栏杆是建造于同一时期的，当然也几乎不可能追溯到公元前2世纪中期之前了。

　　在离开阿育王石柱之前，还有一点值得提及的是，铭刻在石柱上的法令，关于法令的内容和其古文学的书写，马君达尔先生将在后面章节做出讨论。这里，我唯一想要讨论就是所雕刻的潦草的字体，不仅仅是文字书写很差，甚至线条都不平直。要是石柱是为了铭刻法令所建的，那么我们可以肯定的是，负责雕刻的工匠和显贵们绝对知道其雕刻文字的价值是大于石柱本身的。然而，阿育王石柱是作为一个标志圣地的纪念物所建，还是作为释迦族狮子的纪念物所建，却是我们所不知道的。后来，关于僧伽分裂的法令被颁布，并被刻在了桑奇，鹿野苑和赏弥（有同样的法令复制本）的石柱上，以及一些没被保存下来的柱子上。在Sahasra ā m 柱法令和第七石柱法令的末尾，都有条令表述到"无论在哪，此类法令都需刻在石柱或圆石上"，同时，这些条例都被人们作为推断石柱是建在阿育王时代之前的依据。不过，这个依据却并不保险。在帝王自己所建的第七法令上谈到了 dharma-stambhas，明显地透露出石柱与先前的6个佛教法令有联系。这些存在的六个石柱是：德里－托普拉（Delhi·Toprã）和德里－密拉特（Delhi-Mir ā th）石柱，劳里耶－阿拉雷索（Lauriy ā －Arar ā j）和劳里耶－南丹加以（Lauriy ā －Nandangarh）石柱，兰帕尔瓦（R ā mpurv ā）石柱和阿拉哈巴德－科姆（All ā h ā b ā d-Kosam）石柱。因此，我们可以安全地将这6个石柱归结于阿育王的建造，同时还得加上罗明台（Rummindei）和尼梨婆村（Nig ā lĭ）的萨格尔（S ā gar）石柱，因为两者刻有的文字表明它们是由阿育王建立的。其中有一些碑铭刻着：德瓦南皮亚（Dev ā n ā mpriya）意译为"诸神宠爱的人"，在德瓦南皮亚之碑铭之上刻有头衔"与子孙、继承人及国人共享"等字样。另一些碑石刻有慈悲（Piyadasi, Priyadarsin 或 Piyadassana, Priyadarsana）字样，据说是出自其祖父旃陀罗笈多[1]的遗训———一个是为了纪念释迦牟尼佛的出生地，另一个是为了纪念过去佛———拘那含牟尼佛。除此之外，根据来自中国朝圣者法显和玄奘的证据所言，阿育王建立了至今仍存在的僧迦舍（Sankissa）石柱，而其他许多类似的石柱都消失不在了，从而我们可以准确地将现存13 个石柱中的 8 个归于阿育王的建立。所有 13 个石柱，包括我们讨论的桑奇的石柱，都极其相似的显示出，如果我们知道其中一个柱子的建造者，我们就知道其他所有柱子的建造者。它们每一个都有十分相近的表面：所有的柱体都是圆体的整块石料，且有几乎同样的高度和直径；都有相同的钟形柱头和束颈。它们的相似性远不止此。它们都坐落在长约 2.4 米的粗糙环形地基上；柱体都有相同的向上削减；外表装饰和打磨都一模一样；钟形柱头和颈部的细节处理都是同一种方式。但立柱顶端的装饰物是不同的，它们的风格有很大的不同，因为雇佣的工匠们一些是亚梵那人[2]，一些是印度人，但这都不影响这些石柱的同一性和拥有共同创立者。

到目前，就桑奇石柱而言，唯一可能的结论就是它是在铭刻法令几年之前由阿育王建立的。确切在多少年之前，只能是一种推测，其原因后文将会出现，但是，桑奇石柱和鹿野苑石柱是最早的丰碑。同时，尽管我们知道铭刻的第一石柱在罗明台，第二石柱在尼梨婆村石柱可以追溯到阿育王的加冕礼（灌顶仪式）之后的第 20 个年头，桑奇石柱的日期也在其之前。另一方面，镌刻在石柱上的法令，很有可能是在华氏城第三次大集结之后颁布的，那个时候正是讨论宗派分裂问题而制定法令条约的时候。接着，学界普遍判定阿育王的加冕仪式是在公元前 270 年，那么桑奇舍利塔建立在约公元前 255 年，石柱也在随后出现了；同时，法令也就在十几年之后被镌刻上了。

回到大塔，后来所增加的建筑基本可等同于是完整的重建。这些都是

---

① 旃陀罗笈多：又称月护，公元前 345-296 年。

② 亚梵那人：古印度人称古希腊人为 Yavana。

受到了公元前2世纪中叶的巽伽王朝的影响。他们用石头围成了现存的石封，并用原始的砖块将舍利塔全部装在其中；地基之上高耸的石头平台和两组阶梯步阶；石板铺成的巡礼道；替代了旧时代木制扶手的3个石头楯栏，分别围绕地平面巡礼小道的栏杆，围绕平台的栏杆和在圆顶的栏杆；在覆钵顶上雕刻藏圣骨的方形盒和尊贵的伞盖。但是在哪个特别的帝王统治下发生了如此转变，我们就不得而知了。但我们可以肯定的是，这不可能是在反对佛教的弗沙密多罗的统治时期（公元前184年——148年）；同时，考虑到古文字学的原因，也不可能是太晚于公元2世纪之后的时期。因此，它很有可能是发生在弗沙密多罗的儿子阿耆尼密多罗（Agnimitra）时期，或者是紧随的继承者婆苏密多罗（世友）（Vasujyeshṭha.）时期。

除了至高无上的围栏和宝伞，在圆顶（anda）的扩大过程中，整个结构的直径增到了约36.6米，高度增到了大约16.5米。整个扩大工程就是在原始建筑的周围建造一道道环形石墙，并在每两道石墙的间隔中填满碎石。准确地说，同样的措施被采用到石柱厅40。用于建造新圆顶的石头，是当地黑灰色的砂石。施工建筑的过程中，用的石料都是长短厚薄不一，只是粗糙打磨没有细致开凿的，而且被铺在同一水平线上，并不是如Capt. J.D.吉尼·坎宁汉姆上尉和弗格森所述，它们是斜向圆顶中心铺成的。这个扩大后的圆顶之下环绕着高柱基，在作为第二行径小道的同时，也作为了缓解圆顶外扩压力的扶壁，它的平均高度达到了约186英寸，在圆顶底部的平均辐射面达约69英寸，外边缘的五分之一是向内倾斜的。一些学者曾经描述到，大塔就是坐落在高耸柱基上的圆顶而成的，仿佛柱体是在圆顶之前单独建造的。这些描述都造成了误导。一开始圆顶就是和地基作为整体建于底石之上的，平台是后来添加到上面的；但它们二者之间没有石工建筑的联系，平台的基础就在地面下几英尺，不是在底石下。但是，平台不该看作是事后之举，应该看作是建筑的独特之处。从环绕第二和第三舍利塔的底座可以看出，它们的建筑风格相似，同时，依据事实做出考究，也确定圆顶和平台厚度从2—5英寸的混凝土护面，并没有延伸到环绕圆顶的狭道之后的更低部分。于是，我们不得不推断，平台是与圆顶石封设计属于同一时期，同时，它是在建筑师非常熟悉的却又不健全的建筑原则下建成的。

楼梯（sopāna）是沿着台坎，在舍利塔的南边向上建造，而且与其他剩余的平台一样是用粗糙的石料制作。楼梯有两道组成，从东南到西南成扇形，在其顶端是一个小的梯台。每道楼梯共有 25 个台阶，每个台阶宽 17 英寸，级高 7 英寸。在梯台的表面有一个变浅的突出物，它总是在舍利塔南面与舍利塔主入口正相背。然而，据 Pl.4 中的考察，这个入口不是绝对面向南方的，而是朝向约西南方向 15 度的。这种偏差很有可能是由于阿育王石柱的位置造成的———一个难以移动的固定柱子。正如我们所见，矗立在原始阿育王舍利塔南面入口的石柱足足有 15.24 米高，同时，要是扩大的舍利塔建在和原始舍利塔在同一中轴线上的话，此石柱就刚好矗立在南面入口路的中间，这样就会不可避免地给朝圣者们进进出出带来不便。为了避免这样的难题，修复后的舍利塔偏离了中轴线 15 度，这样就使石柱矗立在了从新建栏杆角度清晰可见的地方。按照假设，如果偏差的调整是因为石柱位置尴尬，这就表明现存的紧随地面扶手的扩建延伸至了通道，并与扶手属于同一种设计；要是真的是这样的，那就没有将其偏离正南方而建的必要了。

上面略微提到的混泥土层，是铺在圆顶和平台上面的，同时有一层极好的涂层，但却不知是从何时开始消失了。如果我们可以用通道上的雕刻物来填补我们的图案，那很有可能就是这些悬饰物和花环了。大面积的修补仍然依附在圆顶的三个侧面，其中的第四侧面在 1822 年上尉强森（Cap. Jhnson）开凿时被破坏了。那层混凝土是由劣质的碎砖碎石混着石灰形成的。

当舍利塔的主体完成后，第一个需要添加的附属物就是在塔尖必不可少的宝伞和栏楯。关于这两个特点，吉尼·坎宁汉姆上尉犯了一个明显的错误，以至于后来的调查者，迈赛和弗格森也延续了此错误。按照吉尼·坎宁汉姆上尉的说法，在中心上的球顶端藏有舍利的四方体宝函是一个方形的基座，其四侧装饰着扶手，上面筑有沉重的托臂来支撑飞檐和齿状的城垛。因此，在修复球顶的舍利宝函的过程中，吉尼·坎宁汉姆上尉似乎已经被成型于后期的舍利塔通道浮雕的表象领入了歧途，也没有成功地给予在圣地上实在的遗留物和与大塔一致的雕刻证据一个合理的考虑。后者之一便是一个属于第三舍利塔的小扶手石柱，在其之上雕刻着一个浅浅的浮雕，一个精美细致的舍利塔，它仅仅由一个方形的扶手支撑着，其中心则是一个宝伞，花环挂在两侧。那样方型和分离的扶手是早期桑奇舍利塔顶部的特点；如今，这些已在我所描述的三个主要丰碑中的每个遗物中得以验证。就大塔而言，小栏楯球顶上舍利宝函我已经收集了超过70个扶手的残片，这足够使我充满信心地去修复它了。该扶手石料也是上等的灰白Nāgourī砂岩，刻凿的程度超过了一般的准确度。在设计和建造上，它与同时期的其他扶手较相似。也就是说，它是由一系列均匀间隔的直立巨柱组成的，间隔连着同一水平线上的交叉棒，同时，顶部的一个圆顶将所有柱子统括在一起（Pl.7d）。那些石柱有9英尺11英寸高，包含了大约2英尺6英寸锤凿的底部，并被埋在了舍利塔的底部；顶部石头集在一起并呈倾斜状而非铅垂线是木制扶手时代的一个遗物。从Pl.4和Pl.7d所示的关于大塔的详细设计图和正面图我们可以看出，这个小栏楯球顶上藏设舍利宝函的扶手是以方形排列的，且每边长约21英尺6英寸，对角线长约30英尺1英寸。准确地说，方形的大小是由顶部岩石决定的，每边都不少于3块石头。作为中心的石头会延伸3个柱间距，同时每个角落的石头延伸2个间距，因此，出现了每边8个柱子7个柱间距的情形。如果两个转角岩石之间，有不止一个长度的顶部岩石，那么意味着每边会增加3个柱间距，而且，由于平整的舍利塔顶部直径仅仅约38英尺，这就会使方阵的角落与边靠得太近，甚至使扶手都没有足够的空间。

从Pl.7d可以观察到，这个扶手没有任何浮雕，甚至石柱的棱线都没被切出来，因为它们是埋在地里的扶手。这样的平坦度使我们想到了鹿野苑的阿育王舍利塔的扶手。事实上，二者曾经有关联。没有比桑奇阿育王舍利塔与鹿野苑更相似的建筑了，有可能是这种老式的模式是修复者复制的，尽管已经证实扶手是木制的，而非石制的。另外，四个镌刻在这扶手上的是早期婆罗米文字的捐赠铭文，铭文表明，其他各种扶手，石柱，交叉棒和圆顶石头都是不同资助者的礼物。

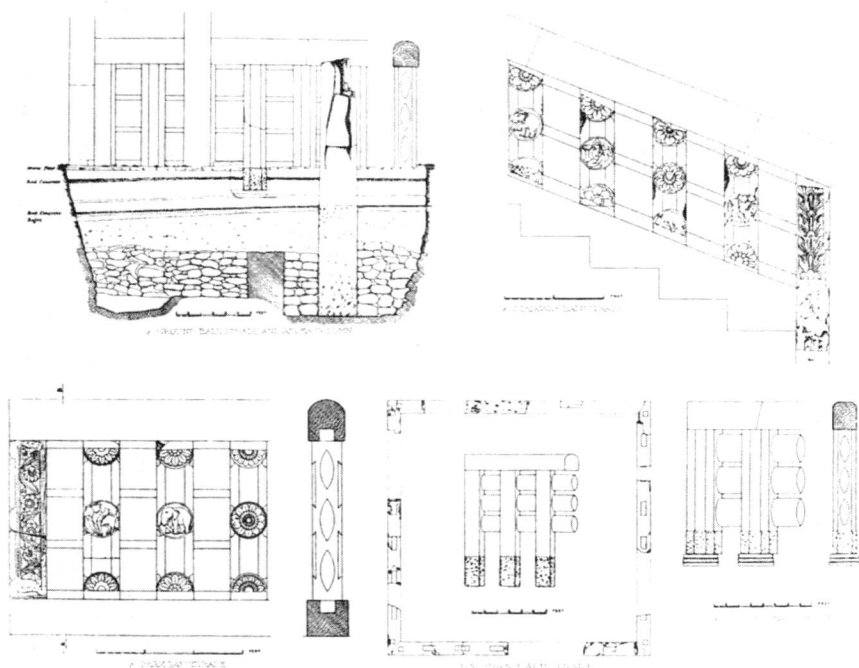

图五 7d

对于在这方形扶手中的宝伞，其中两个已被吉尼·坎宁汉姆上尉和迈赛断言，一个位于圆顶顶端附近，另一个位于舍利塔西南方缺口处底部。幸运的是，这两个残片都还保存着，而且考古证实它们根本不是宝伞组成部分，而是安置在宝伞之下，圆顶顶部巨石舍利函盖子的一部分。毫无疑问，此石函就是上校费尔在 1819 年所见，后来被破坏成碎片的那个石函。在 Pl.4 阐述的盖子指出，它是桑奇当地的石头所制，直径 5 英尺 7 英寸和高度 1 英尺 8 英寸，下面是凹形的，地面边缘镶有圆边，同时在顶部打了一个方形榫眼，通过它宝伞支柱刚好插进去而保持相连；如此笨重的石盖，刚好能盖上更加笨重的石函，而且能刚好精确支撑石制宝伞。石函不是孔雀王朝时期工艺，和外部的石封同时期。该石函原本含有的舍利是谁的，现在只能靠推测了，最有可能的是佛陀本人的舍利，才能留存在如此早的阿育王时代丰碑中。被铭记的桑奇舍利塔，是毗迪萨附近地区所有舍利塔中首屈一指者，而毗迪萨本身也是巽伽王朝城王族所在地。因此，无论是巽伽王朝的哪一位帝王，都可能重建和扩大了这个舍利塔，我们可以确信的是，他肯定已经尽最大努力去确保珍贵的佛陀遗骸的安全了；同时，对于巽伽帝王而言，所有阿育王舍利塔中的舍利都是唾手可得的，获得佛陀舍利也并不困难。

在最高塔尖和其扶手之后，下一个舍利塔添加物就是大量的地面扶手（Pl.7a 和 e），建在行进小道上的这种扶手和更小点的建在外面两个楼梯以及平台狭道的扶手。舍利塔的地面扶手体量最大，数量最多，素面无纹，愈显壮观。在这方面，它与塔顶小一点的栏杆扶手很相似，但是，它们直立向上和交叉横档长度的比例不同，并且后者的直立石柱的棱角是斜切的。建造它的石料来自于 Naāgourī 附近的采石场，呈浅黄色到粉色，有时也有灰色或浅紫色的。扶手平均高于地面 10 英尺 7 寸，支柱约 8 英尺 4 英寸，顶部约 2 英尺 3 英寸。给出这些测量数据一个平均值是很有必要的，因为它们都不是建造在严格的标准下的。实际上，它们之间的差异，有时候用肉眼都能明显地分辨。

尽管这些楯栏很厚重，但他们的地基建的却很不稳定。它们仅仅由 3 层较小的厚石板组成——有时甚至减少到了 2 层或 1 层，而石板要么是放在碎石上，要么是置于直立石柱基底下面的旧地层上（见 Pl.7a 和 e）；同时，在石板下没有任何卵石或铺路碎石，其两边也没有填充物。由于有这样缺陷的地基，建于其上的扶手下陷、坍塌不足惊讶。而惊奇的是其中的一部分经过数世纪，仍成功地保存在原地。

在迈赛和吉尼·坎宁汉姆上尉出版的关于此扶手的绘图中，扶手上边的连接处被错误地画成了垂直的而不是斜着的。这是个小错误，但却不是不重要，因为倾斜线接缝的出现不仅表明此扶手是模仿了旧时代的木制原型，而且说明当时建造的石匠们并没有使用新的材料去雕刻；同时，这些证据支持了一个推论，再加上其他证据的话，原始舍利塔周围的扶手原本是木质的。

如果读者们翻到 Pl.4，你会发现四个入口通道将地面扶手分成了四个扇形。这四个入口通道的建造遵循了当时普遍的城市通道设计，前面设有类似碉堡的建筑，在其直角处提供了进入内城的第二条通道。正如我们现在所见，后来的装饰拱门或者塔门，诸如此类的都在城门被发现了，同时，它都同样地建在了内部的入口，并伴有一个特别长的扶手，因此，形成了在第一碉堡之外的第二个碉堡。在每个扇形区，除去后来的添加通道，这里共有 30 个石柱，使总数达到 120 个。其中 106 个是原始的，14 个是修复的，后来修复的很容易分辨出来，因为工匠只将柱子轮廓做了出来，和原来的不一样。在环舍利塔北半部分，扶手排列在距离平台地基约 9 英尺 6 英寸的地方，同时与半圆形的设计相一致；在环舍利塔南半部分，由于两个楼道的出现，设计是椭圆形的，与南入口圆圈的偏差接近了 5 英尺，因此导致了行进小道扶手间的宽度和楼道宽度只有 2 英尺 6 英寸，少于了北面部分。

扶手的大部分柱子，横栏，圆顶石上都刻有出资修建人的名字，他们中的大部分人都是和尚或尼姑（比丘或比丘尼），但也有一些是普通人。对于那些不了解佛教规矩的人来说，通常会对和尚和尼姑能够捐出如此东西而感到奇怪，因为根据法令的规定，他们是不允许拥有任何财物的，除了那些简单的衣服和家具，以及乞讨碗、剃刀、针线盒和筛网。然而，我们必须要记住的是，只要他们愿意，和尚和尼姑们可在任何时候放弃修行生活回归世俗，尽管法令上他们在名义上放弃了其财富的拥有权，这被视为"施赠"，在实际中，他们的家人会在他们离开的时候照料这些财富，同时在他们回来的时候还给他们。在这种情况下，即使依照法令，他们拥有的财产也是合法的。这样的话，就可推测到，一些和尚或尼姑为了僧团的共同利益，可以用这种方式进行捐赠，并且避免了实际性地接触那些钱财。

通过这些捐赠信息，弗格森计算出了那些扶手至少花了一个世纪才建造完成。这个计算完全是不符实际并和还愿物上的古文字铭文本身相悖。当公元前 2 世纪扶手建立的时候，这里肯定有众多虔诚的佛教徒急切想帮着建造——来自毗迪萨的跪拜者和其他平民，来自桑奇的和阿卡拉寺庙的比丘和比丘尼们，以及来自更远地方的朝圣者，他们大都是十分渴望为大塔的重建做出一些贡献。因此，我们不必认为在募集资金的事情上会有任何难题或延误；也不必认为这里会缺少技艺高超的工匠；尽管在公元前 2 世纪的时候，大规模地切割石头在桑奇是个新的工艺，但无论是谁建立了大塔的主体，一定是引进和训练了大量的工匠，同时，当舍利塔主体完成的时候，他们也肯定能够胜任建造扶手的工作了。因此，考虑到所有的东西，以及我自己在开采石料和重建巨大石头工程的经验，我可以毫无疑问地得出，这扶手的建造不会花费超过 5 年或者 6 年的时间，尽管众所周知那些佛教信徒们建东西都很慢。在现代条件下，只花其四分之一的时间就可完成建造。

与扶手同时建造，或者说是紧随其后建造的，就是其间的石板礼拜小道。正如前面已经提到过的，约 9 英尺 6 英寸的小道宽度增加到了约 12 英尺 9 英寸，之后又沿着南面入口方向变窄了。通道的一侧到另一侧之间横跨着很多石板，它们中的大多数都镌刻着不同捐赠者的名字。这些石板都是边裁整齐的，平均 3 英寸厚，内侧边宽约 3 英尺 7 英寸，外侧边宽 3 英尺 9 英寸。在东北扇形区的行道几乎是完整的；在其他三个扇形区域只有部分残余留存；同时，在西南区域，19 世纪 60–80 年代为建立支持平台的突出墙的扶壁，很多行道都被毁掉了。

台坎和楼梯扶手（Pl.7b 和 8）相对小一些，且不同于其他那些刻有大浮雕以及装饰石柱的浮雕扶手，总体上来说更加细致。就藏设舍利宝函和地面扶手而言，柱体的基础是埋在舍利塔的石料上或者在地底的，尽管这种方式没有被运用到位于楼道和平台外缘的扶手柱体的建筑上，但后者建筑运用了井栏石，通过阴阳榫合适地连接于柱体。从外面看起来，这些楼梯上井栏石看起来有"线"一般的外表，但实际上，它们与线并没有联系，而是如 Pl.8 里所述的方式，单独地建在了它们旁边的石料墙里。每一块井栏石约 9 到 10 英寸厚，从 5 英尺 3 寸到 7 英尺 7 英寸长。楼梯底部的端柱约 3 英尺 10 英寸高，8 英寸宽，9.25 英寸的表面；其他扶手有同样的宽度，但只有 2 英尺 5 英寸高；同时，圆顶高 10.5 英寸，厚 7.75 英寸。楼梯端柱是埋在地里的，同时与最低的井栏石榫接在一起，它不同于那些三面被精雕细琢的扶手（Pl.8d 和 e）。其他的楼梯扶手仅是表面装饰着一个完整的和两个半盘的莲花抑或植物的或者动物的浮雕图案（Pl.8c）；它们内表面的平整度在顶部和底部削减了两个半盘，高一点的那个有铭文刻在上面，但是，只有在单独的情况下，其他都是少有雕刻的。

在以上所描述的斜撑的楼梯扶手中，每一对柱体之间就有 2 根交叉棒，在与楼梯顶部梯台同一水平线上的扶手中，每一对柱体间有 3 根交叉棒。这与第二和第三舍利塔的扶手是相同的，而且，每个这种情况下的由 2 个到 3 个交叉棒的转变似乎都受了 Pl.4 所示方式的影响，由此在基地的连接处留下了一个不规则和尴尬的空间。

护堤栏杆的侧石，并不像楼梯走廊那样，是用石料制造的，它只是简简单单的摊在表面，栏杆的稳定性全部仰仗于它的环形形状，其自身承重以及自我构成的榫眼和榫的接合。除了楼梯入口的两根角柱，其余的所有栏杆的支柱都是同样大小，同样款式的装饰，然而，在他们的落脚处的装饰又是不同的 (请参看：7c 及 8a,b 与 c)。所有角柱的棱角都像楼梯中心柱的棱角那样，但是，不像后者，他们都是前面有雕刻东西，但是背后没有被雕刻过。不像其他的护堤支柱，角柱的背面没有半块的圆盘。需要补充说明的是，护堤和楼梯的栏杆都是用 Nāgourī 石料做的。

如此宏伟的舍利塔是由巽伽王朝的一位君王复辟扩建的。要把它之前公元前 2 世纪的样子画出来不是很困难，现在它已经被很好地维修过了。如果我们不算四个宏伟的通道是安达罗人在一个世纪之后加上去的，它的形状将会和现在是一样的。只是颜色不同，是那么的不同！不同于现在那样阴沉昏暗的灰色和黑色，圆顶很有可能是闪亮的白色，在它的上面，挂着各种各样的垂饰物，闪耀着不同的色彩，那时的支柱，以及之后的通道都是红色的。顶端的伞形结构有可能原本是红色的，也有可能是镀金的，因为晚一些时候出现的舍利塔就是那样的，但不管镀金出现在这儿还是那儿，都无法恢复那种整体红白相间艳丽的感觉。比起伟大的哥特大教堂，时间确实对舍利塔很仁慈，那些大教堂现在已经是灰白色，其他颜色全无，但是曾经也有不多几座没被人忽视的神殿被从底到顶刷白过。

最后一次对这个无比卓越，无比荣耀的舍利塔的扩建，是在塔门上进行的那里有富有各种各样雕刻的精致通道，它在入口对面，栏杆的四分之一处，这样的建筑格局让舍利塔本身和它后面的大量简单的建筑结构形成了鲜明的对比。4 个当中的第一个是在南入口处竖立起来的，它前面舍利塔台阶的崖径也依次被修好，在其之后，按年限来算，修复顺序是北门，东门以及西门。当这些塔门被竖立起来的时候，他们明显不可能被设计成当时存在的入口处过道一样，一小段由三根柱子组成的护栏被添加在了另一个出口处，形成一个直角，与之前一个相对称。现在，一项对这 4 个延展建筑的测验揭示了一个重要的事实：南北出口的两个延展性建筑，在各个方面都和以前的栏杆相似，立柱都是同样的高度，同样的雕刻，平面上的装饰盒凹槽都是一样的，东西入口处不仅被认真的调节、装饰过，而且他们的立柱更短些，上面有浅浅的凹槽。虽然存在这样那样的差异，四扇门之间的建筑时间间隔不会超过二三十年；雕刻在其上面的铭文显示南门第二横梁及西门的南柱刻有同一位功德主的名字，即巴拉米陀罗；东门的南柱和西门的北柱也是同一个供养人的献礼，即：此柱，是'一个住在柯罗罗（kurara）的阿卡瓦陀的富人那迦比衍（Nagapiya）'的供养品。

四扇门的设计是一样的——与其说是石匠的作品，不如说是木匠的巧作，奇迹在于：像这样的建筑，用与石头特性不相符的制作方式，近两千年过去了依然保存如此完整。保存最完好的是北门（如图 21,22 sqq），它仍然保持着大部分完整的装饰图，这使我们可以亲眼看到它们从前的面貌。每个大门都是由两块方木柱顶拱起来的，它们的转弯处都是由三个有着螺旋末梢的眉梁，构成的上层建筑的支撑。使眉梁彼此分开的是四个方砖，或者被叫作"模具"，它们成对垂直于柱顶，每对砖中间是三个短立柱，它们之间的空处都刻画有各式各样图案的雕像围成一圈。柱顶是由背靠背的狮子、站着的大象或者是矮人装饰而成的；这些柱顶都起源于相同的顶板，它们起到了最低处眉梁凸起末端的支撑作用，这些低处的眉梁上的三位药叉女（Yakshi）[①] 有着优雅迷人的轮廓，虽然本意是为了功能性考虑，设计的不是很好。同样比例的三个仙女就站在眉梁上面，狮子和大象站在他们旁边的涡螺形图案上，在眉梁的空处雕刻着一些骑着大象或骑马者的雕像。其中骑马者人物肖像很古怪，还有上文当中提及的小夜叉女，他们都有两张脸，这样他们就可以像两面神那样看到各个方向了。南门（参看 26 和 29）三个眉梁的末端上，显现出来的都是带着翅膀的乾闼婆，但是在北门上，我们只能在底部的眉梁尾部找到这样的雕刻，不是所有的都在其他两个大门上。最后，在大门的顶端，站着至高无上、统领一切的，象征着佛教独有的特色：在中间是法轮，法轮由大象或者狮子支撑着，两边是由一个手握拂尘的药叉（夜叉）侍卫守护；夜叉的左右，是三宝佛，象征着佛教三人组：佛陀，达摩（佛法）以及僧伽，其余的柱子和上层建筑都精心雕刻着本生经的传奇故事或者是佛陀生活的画面，也或者是寺庙的历史。除了这些，还有对圣树，对象征释迦牟尼舍利塔，对过去的七佛，对一些奇鸟异兽，对飞翔的乾闼婆和对一些神圣的或者装饰性图案的表现。对这些雕塑的图像解读，将会在第三部分由 M. 富榭来讨论，他对很多的雕刻图案都有很详细的讲解。对于那些雕刻在这扇或者那扇门上的，以及

[①] 药叉女：也称夜叉女，Vriksha-devata or Salabhanjika 是印度神庙专门用在门口的女像题材。

那些记录有虔诚的供养人姓名的铭文，上面有时写有责骂那些胆敢盗窃宝物之人的铭文，读者应该去找找马君达尔先生（Mr.Majumdar）的笔记，抄本以及在第四部分的翻译。

在笈多王朝时代，当对祭祀像的崇拜持续了很长时间以后，四个小的有华盖的神龛被搭建在了面向大舍利塔的梯状挡土墙对面的游行路径上，神龛里面附有四个高浮雕的佛像。这四幅像涉及 834 号的笈多王朝铭文，其年代为笈多 131 年（公元 450 年—451 年）。四幅图都呈现了这样一个场景：菩萨在冥想，旁边站着一个随从，他的头背后是一个精心制作的光环，交叉在光环周围的，是两个飞翔的乾闼婆。A. 吉尼·坎宁汉姆上尉先生和 J. 博格斯博士都说过，关于面向南门的雕塑是一尊站立的雕像，是错误的。这尊雕像呈现的是佛陀王舍城驯服大象的情景，它在南大门附近被发现的，其实是大约公元 7 世纪的作品，两位作者在他们的书中说到了这尊雕像，它和基座没有任何的关系。对这四尊雕像的描绘请参见 70a–d。对于四幅雕像的处理，尤其在对随从态度的刻画上，有着很多细微的变化，北面的那幅雕像与其他雕像的不同在于：在它的基座上雕刻着三个小形象；但是这样的差别不能让我们去推断这些雕像是否描绘的是五方佛。在中世纪，把五方佛放在壁龛，放在舍利塔的周围，使其面向基点是一种很普遍的做法，通常是把不动佛放在东面，宝生佛放在南面，阿弥陀佛放在西面，不空成就佛像放在北面。很可能这些就是本应该在此的五方佛，但是从他们的姿势和他们的特征，仍然不能去判定他们的身份。从艺术角度上讲，南门的雕像是四幅中最好的一幅，这幅雕像对其随从的刻画最为优雅。南门，作为四扇门之首，也是第一个被搭建起来的，我们可以想象，对于这个入口雕像的创建者应该是一位技艺超群的工匠。从风格和做工上来看，距离桑奇四公里处的乌达耶吉里石窟，可能是在同一时间建造，甚者，有可能出自同一工匠之手，有个事实让这件事情更加可信：这些雕像都是由乌达耶吉里石窟石料雕刻而成的。这个雕像多多少少要比它的同类雕像要小一些，它的高度是三尺八寸，其他的雕像均在五尺五寸到六尺三寸之间。

画像中描绘的华盖竖立在一个长方形的底座上，两根柱子在前面支撑着屋顶，根据图片，在末尾还有两根壁柱。在南北以及西的大门，装饰性的线条围绕着底座，类似于 17 号寺庙（参见 114），在华盖上，他们彼此只有两条相像的装饰性线条，被一条扁平的，带有深凹槽的带子分开。东门底座的装饰性线条就有些不伦不类了。立柱和壁柱上的图案和编号 F 寺庙以及 31 号寺庙（参见 114g）相同，消失的顶板毫无疑问与 17 号寺庙的走廊上的是相似的（参见 114a）。

考虑到暴露在光秃秃的山顶的地理位置，经历了漫长的时光，这尊舍利塔以及其各个大门仍然能够屹立两千年而不倒，这的确很了不起。很多浮雕在今天看来似乎是数千年前工匠刚刚雕刻完成一样，尤其是西大门，现在的破坏主要是原于提倡打破旧习的人，他们中很多人直到几年前还以破坏这些雕像的脸为乐。其他对舍利塔的侵蚀来自于它基座周围的水池，以及其他故意的破坏，这些破坏来自于 1922 年一些业余挖掘者，缺口都在南北穹顶上。前者的损害，不是因为其地基的下陷，其地基的大部分都在原生岩石上，而是因为从中世纪早期开始，遗址周围累计了大量沉积的残迹，这些残迹累计了数尺高，残迹都是因为每年的雨季造成的，后者则陷在了一个水层下面。有点让人惊奇的是，在这种条件下，那两扇大门以及很多底部的栏杆本该沉淀坍塌了。奇迹就在于：设计的如此脆弱的门竟然能够幸存。为了给遗迹提供更加有效的排水系统，上文中提出的整个区域周围，在它以下，一直到铺石路面，马歇尔澄清，包括现存的路面，这些已经很腐朽的，很破旧的路，都是从舍利塔那边重新铺过的，在东面，在这里有大量的高原水流的冲击，一跳明渠秀在了 17 号笈多寺庙的后面，在其背后，水从一条石质的沟里流走。

至于穹顶内部的缺口，我们已经在上文中看到了曾经孔雀王朝的舍利塔是怎么建造的：坚硬的砖头，然后用砖石起一层墙，这种结构是如此的坚固，以至于他的轮廓到现在都依然完美。不幸的是，当这个缺口在 1881 年被维修的时候，人们只是很随意使用碎石和土，很显然土是不能和石料融合的。这样拙劣的加工是灾难性的：内部构造下沉，这使得穹顶上部下陷，下部和西南方扇形板上的排屋一起向外凸起，这样，栏杆和大门以下的部分都很危险。为了弥补这一错误，建筑物的整个西南部分都不得不被拆除重建，雨水的渗透是被装饰面层的石灰混凝土挡住的。这是一个既费力又花钱的工程，但是当这样一个无价的遗址命悬一线的时候，任何的麻烦，任何资金上的问题都不能阻止我们重新修好它。当它被完成的时候，也就是舍利塔的建筑结构的稳固性再次得到保障，从楼梯、平坦、顶端上掉下来的栏杆被复位，结果就是这个独一无二的大型建筑物又一次把它的全貌展现在了世人面前。

上文中提到的在大舍利塔一周开阔地带的铺路石，是由大块的长方形石板构成的，看上去，这些石板平均都有六到八尺长，三到四尺宽，三尺厚。这些石板不仅仅铺满了整个中心平台，也铺到了现在边界的尽头，而且衍生到了东边远处的挡墙，这条路从 31 号寺庙的背后一直通到 42 号建筑。我们立刻可以发现，这堵墙的建造目的在于阻挡住荒废舍利塔的遗骸以及在中世纪期间建立起来的其他建筑。但当到了这条道路被铺的时候，很有可能是扩建大舍利塔的时期，这个时期，大舍利塔的栏杆也搭建了起来，大舍利塔水平面朝各个方向扩展了至少 30 码，这些水平面一直延伸到了一个山坡上，这个山坡的东侧陡峭，在之后时间长河中，很多寺庙性建筑在这里竖立了起来。有一段被挖掘出来的道路，其保护状况非常好，这段路是在 14 英尺下发现的，在 43 号建筑的西北堡垒下；再往前一段，在一些建筑的中心，有很多原生岩石，在上面有很多笈多王朝以及更早些时期的寺庙遗迹，对于这些遗迹的讨论后面还会继续。

图六 东门正面雕刻

图七 西门正面雕刻

图八　北门正面雕刻

图九 南门正面雕刻

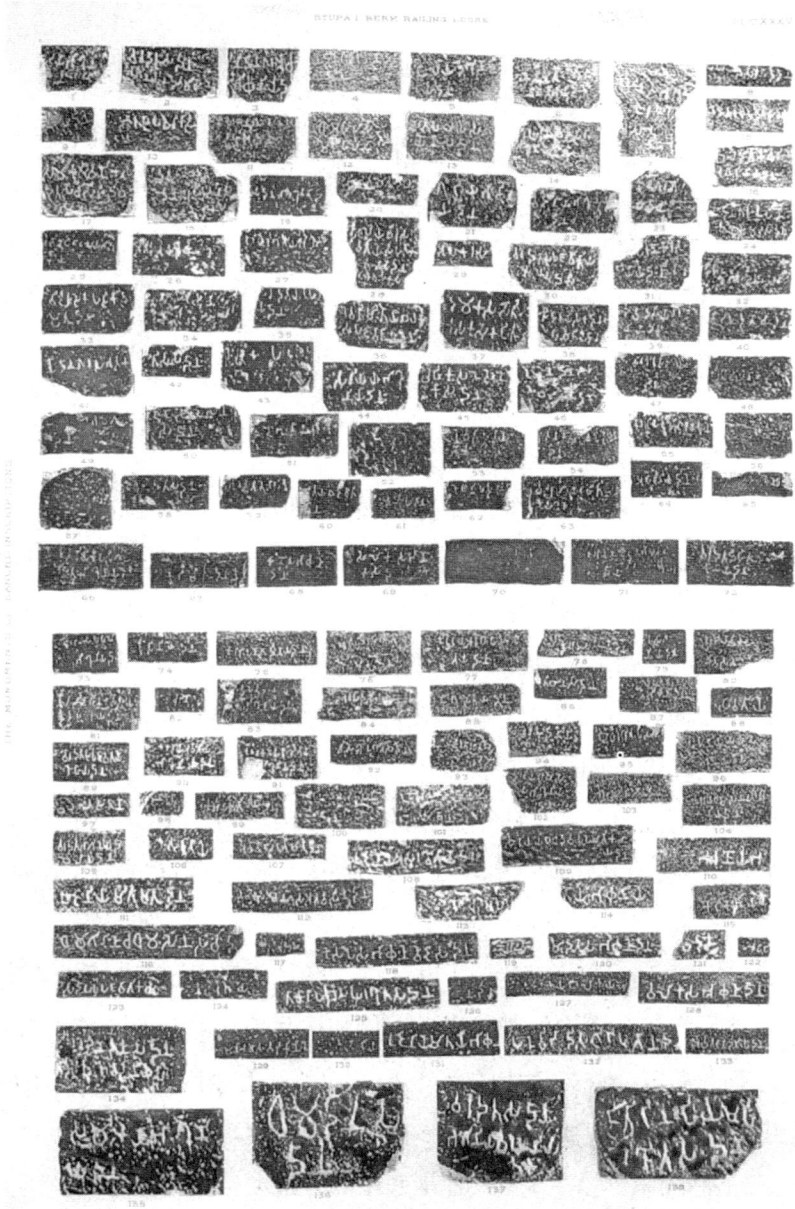

图十　铭文

第四章
主走廊上的其他舍利塔，立柱以及神龛

1. 舍利塔

除了著名的大舍利塔，在桑奇遗址还有其他四个舍利塔，只不过这四个舍利塔在尺寸上较小，都是属于巽伽王朝时期的建筑物，也就是平面图（参见 1 和 2）上的舍利塔 2、3、4 和 6 号。这四尊舍利塔中，3、4 以及 6 号都坐落在主走廊上；3 号靠近东北角，大约离大舍利塔有 50 码；4 号离 3 号只有几码远；6 号靠近东南角。除了尺寸大小之外，3 号舍利塔和其他几座舍利塔的不同之处独特在于：其他的舍利塔只有一个大门，而 3 号舍利塔有四个大门，其基座上栏杆的装饰更为华丽，还有它的穹顶轮廓更加弯曲一点，说明其建筑风格较晚。舍利塔的直径，包括它升起的平面（不包括底下的栏杆），是 49 英尺 6 英寸；高度为 27 英尺，如果算上球顶藏设圣骨的四方体 (harmika 又称宝匣) 还有石伞顶，高度则为 35 英尺 4 英寸。内部中心都是均值，由未加工的当地石料和残瓦碎片混合而成的。与大塔不同，这尊舍利塔，首先完成的是其主体，之后又加上了凸起来的排屋，后者是由较小的碎石组成面向唯一一层的琢石。这尊舍利塔平缓地竖立在斜坡上，地基很深，它的排屋或者是底座的一边要会比另一边高；但是在它地基的周围有一个水平的空间，这个空间上有巡行路径，以及接地栏杆，它是由西面的地基累积起来的。之后的岁月里，这堵墙用 3 英尺高的挡土板加强了一下。西北面的舍利塔，基本上是由料石建成的，它的中心结构是由碎石以及碎砖构成的，碎砖无疑是从之前孔雀王朝的残遗中获取的材料。它的中心竖立着地面栏杆，在这些栏杆中，有些是在西南方向原地找到的，其中一个是在东南方向找到的。在巡行通道上，一些损坏的围栏栏杆也被挖掘了出来，45 号寺庙前也有，在这座寺庙前的栏杆都是用来铺设上升的基座的。

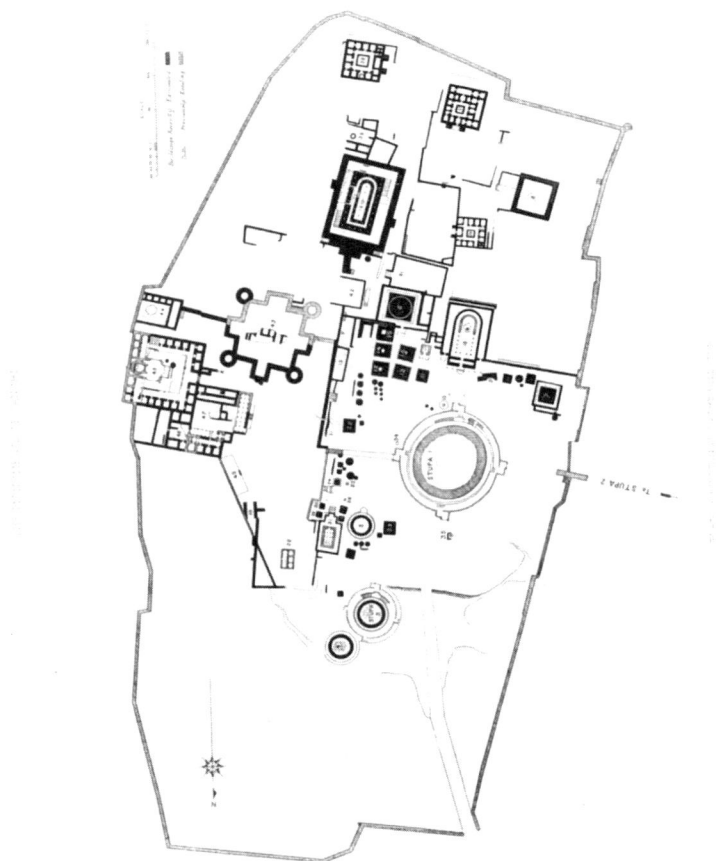

图十一 桑奇平面图 2

57

　　楼梯上的栏杆是从其根部开始破损的，破损后直接掉落在了楼梯上，其他上部建筑和镶边石、大梁以及压顶板都在其掉落的地方被挖掘了出来，就在楼梯下面。此处栏杆的图案以及尺寸都几乎和大舍利塔的楼梯栏杆是一样的，除了上部建筑的一个之外，几乎在风格上辨别不出来。它的不一样在于，一个单独的栏杆从楼梯顶部掉落，且依然保存完整。在南面（参见93i）上部所描绘的是一个很小，但是很有启发意义的图片，上面的舍利塔上有标语以及花环，这些都是由两个棒状物支撑着的，这些棒状物有围栏的建造风格的影子。在其下面是水中神兽玛卡拉①，有两只鸟儿栖息在向外的荷花座上；马卡拉下面又一次出现了传统的叶子设计，这种设计源自于中部印度的早期风格。这个立柱的东面被分成了两个面（请参见93g）。在低处是两条花式图线，被一条开放的荷花分开。在上方最显著的部分，是一个经典的拱形门大厅，带尖顶和小窗子；在它后面，是两个有高柱支撑的伞状结构，两者之间是八边形的柱子，上面有一个钟形的莲座，莲座由三个动物拱起来：中间是一头大象，其他两边是双狮，狮嘴衔着花环。立柱和支提大厅都很有趣，前者有趣在于在如此早期，同一柱头上鸟兽汇聚，叹为珍奇；后者有趣在于，它描绘的是古老年代幸存下来、独一无二的建筑结构。比起其他楼梯上的上层建筑以及护体栏杆上的浮雕，这个地面上的建筑展示了一个更为成熟，更为精心制作的浮雕作品。由此我们可以推断，其他的走廊以及高台上的栏杆是在舍利塔主体建造时期完成的，而这个特殊的立柱是之后维修过程中才被竖立起来的。

---

① 玛卡拉：梵文 Makara，译作摩羯或摩伽罗等。在印度神话中，摩羯是一种长鼻上卷，兽首鱼身的动物，常见于庙堂鸱吻上（译者注）。

图十二 南面 93i、93h

在排屋和围栏立柱（参见 93h 和 94）中，那些大量的只言片语在建筑物地基一周的碎片中被抢救了出来，他们已经被复位。从立柱和盖梁上的雕刻风格判断，也应该和楼梯立柱的建造时间是相同的。因此，我们可以推断除了地基上一个栏杆，整个舍利塔的设计以及完成是一气呵成的，它是在大舍利塔竣工之后不久完成的，唯一随后添加的是上文中提到的落地

59

栏杆的上部以及南大门的塔门。

塔尖的伞状石质物已经掉落在了东北面，我们在4号舍利塔周围找到了它。其直径为4英尺4英寸，它的中心被镂空了，其手法在94e参考图上出现过，它和一个基柱正好有一个榫眼和凸卯的结合。在吉尼·坎宁汉姆先生的著作《毕尔沙塔群》中，他对这个遗址有这样的描述：此穹顶是安装在一个4.5英尺平方米基座时加上去的。围栏很有可能是他书中所说的那个尺寸，但是，很明显在吉尼·坎宁汉姆开始他的探险之前，上部穹顶早已经坍塌，所以我们也不知道他是怎么能够看到书中所说的基座的。

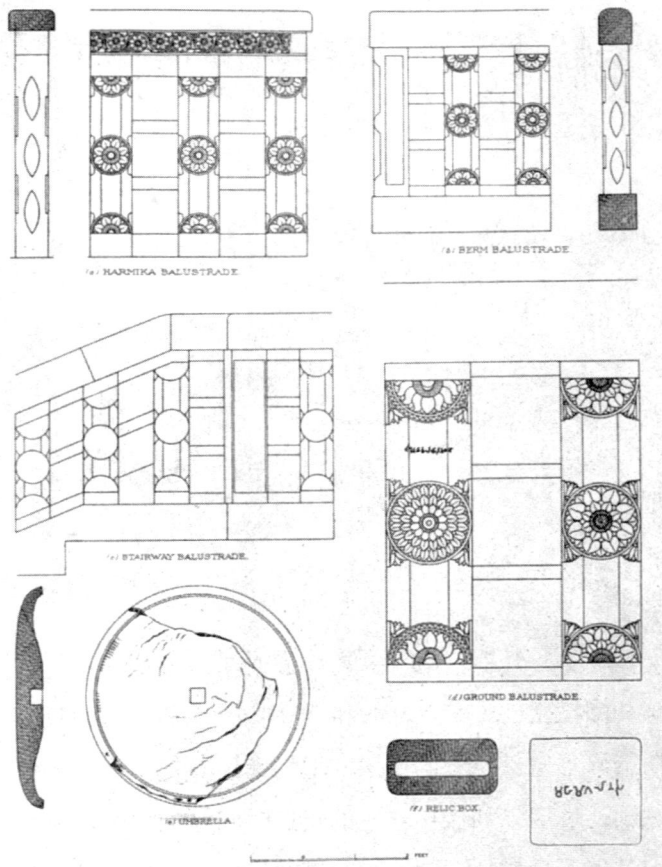

图十三 94a-f

在《古文字研究》一书中，马宗达（Majumdar）先生总结道，这尊舍利塔的舍利盒，楼梯遗迹护体栏杆上的铭文都和1号舍利塔的地基、护堤遗迹楼梯栏杆上的铭文一样，属于同一个时期，都是公元前2世纪中叶。这个结论已经被1号以及3号舍利塔的楼梯上的铭文（编号618,620以及722)证明了，这两尊舍利塔的供养人是同一个人——来自柯罗罗（Kurara）的阿腊哈古塔（Arahaguta）。另一方面，铭文中很明显地注释出了3号舍利塔的基柱，是在1号舍利塔的塔门被竖立起来一个世纪，甚至一个世纪之后才加上去的。这个栏杆（参见94d）达8英寸高，盖梁有1英尺8英寸高，上部建筑有6英尺3英寸高，这些高度都不包括它们装饰粗糙的基底。像楼梯的上部、走廊，还有在栏杆的棱上浅浅地刻了一个凹面段，装饰成了传统的荷花图案，其手法很大胆。根据雕塑家（参见93 c~f）不同的幻想，每个栏杆的上部内容都不一样。从后期南面塔门来看，很明显这里的栏杆和大舍利塔以及第二舍利塔栏杆有一样的入口；按照这样的方法类推其他的舍利塔，我们完全可以推断出在其他主要点上还有这样的入口。因此栏杆就会在每一个扇形板上有22个门柱，包括通道的，或者总共88个门柱。

紧跟着地面栏杆的是南塔门，含有丰富的雕刻，这是桑奇塔门中最新的一扇，它在公元1世纪初（参见93及95~103）被很恰当地安放了上去。到它被竖立起来的时候，已经有很多碎片堆积在了游行路径的周围，最底层上升了1到2英尺。因此，南塔门隐藏了原来的通道表面，藏在了最低的上升楼梯的视野下。为了能使后者显现出来，把古代的累积物移除势在必行；但是我们的考古挖掘在靠近楼梯最下面的处停了下来，其目的是为了避免对塔门地基任何形式的损坏。

这座塔门高17英尺，其浮雕风格和大舍利塔的四个通道上的浮雕风格是一致的。毫无疑问，它的一圈也装饰有同样级别的佛国眷属，包括了夜叉、夜叉女、四大天王，象征着三宝和法轮信念的人物。对于这些雕塑的阐释，读者可以查阅95—105反面的描述，以及第三部分福树对此更深的解读。作者对于浮雕风格的讨论会在第二部分。

　　遗迹的密室是被吉尼·坎宁汉姆发现的，发现的时候完好无损，遗迹在穹顶的中心，和高台护堤在同一平面上。覆盖着遗迹的是一个 5 英尺长的石板，里面有两个石函，石函盖上都铭刻着一个早期婆罗米人的名字。南面的名字是舍利佛（Sāriputasa）；北面的名字是摩诃摩伽勒（Māhamogalānasa）。我在舍利塔附近废墟中找到的这些石函盖是一块 2.08 平方英尺而不是吉尼·坎宁汉姆书中所述 1.5 平方英寸的纳古里 Nāgourī 石材制作。在舍利盒里面是一个用 6 英寸宽 3 英寸平整的高的白色滑石块做的罂坛，上面盖着一个黑色、有光泽的土陶（已破损）碟子，在两边，有两小块檀香木。吉尼·坎宁汉姆的推测：这两块木头是从火葬葬礼的柴堆那里带出来的。罂坛里面是一小块碎骨和数个珍珠、石榴石、青金石、白水晶还有紫水晶；盖子的内部用墨水写着"Sa"的字样，这无疑是"舍利弗（Sāriputasa）"的梵文缩写。在摩诃摩伽勒（Māhamogalānasa）舍利的盒子里有第二个滑石块做的罂坛，多多少少比舍利弗盒的要小。同样，在盖子里面也有"Ma"那样的缩写；里面只有两小块碎骨。埋葬在这两个罂坛里面的遗骨应该是两个众所周知的佛陀弟子。他们都是出身婆罗门世家，从小一起长大，也是删阇耶（散贾亚 dSañjaya）的学生，他们离开了早期导师，余生里忠诚跟随佛陀（乔答摩）。在佛教中，他们在上座部很有名，排名仅次于佛陀导师。他们是在佛陀入灭前几年去世的。这个遗址不是唯一一个竖立起来敬仰这两位信徒遗骨的。第二个散达腊(Satdhārā)的舍利塔，距离桑奇大塔六七公里之间，也保存有他们遗骨的一部分；根据法显和玄奘的记载，在马图拉本来就有另外一个舍利塔供奉着他们的遗骨，一同供奉的还有富楼那满慈子（Pūrṇamaitrāyaṇīputra）、优婆离（uṕāli）、阿难陀（Ānanda）以及罗睺罗（Rāhula）的遗骨。舍利弗[①]是两位圣僧当中更为著名的一位，他是在腊佳古里哈（Rājagṛiha 王舍城）圆寂的，据说在当地也

---

① 　舍利弗：梵文 Śāriputra 巴利语：Sāriputta，又译为舍利弗多、舍利弗罗、奢利富多罗、舍利弗多罗、舍利补怛罗，玄奘译为舍利子，意译鸳鹭子，亦名为优婆低沙（Upatissa），是释迦牟尼佛的十大弟子之一，号称"智慧第一"的大阿罗汉。

树立起了一座舍利塔，很可能在桑奇、散达腊、马图拉供奉的舍利弗遗骨，源自他圆寂之地的舍利塔，但是何时移骨，被谁移骨，如今我们只能猜测。

吉尼·坎宁汉姆提出：这些圣僧遗骨，很有可能是由阿育王在分配佛陀舍利同时移骨的。不过吉尼·坎宁汉姆抱有这样的幻想：桑奇的第三尊舍利塔以及大塔基柱都是在阿育王统治下建造的。现在我们知道，不仅仅第三尊舍利塔，还有其他附属的舍利塔都不会早于巽伽时期，这样的话，吉尼·坎宁汉姆的推断就不再成立了。事实上，阿育王很难和分配佛陀门徒舍利子挂上什么钩。历史上阿育王掌国（统治和摄政是不一样的，摄政是权臣代替幼主统治）期间，无疑一直崇佛弘法，但是他的佞佛举动是佛陀本人所禁止的；也没有足够的考古证据表明之后阿育王对这些佛陀门徒舍利塔扩建过。此外，当讨论这些马尔瓦舍利塔历史的时候，我们一定要记清楚，毗迪萨曾经是巽伽王室的家，华氏城是孔雀王朝的首都；乍看起来，很有可能这些卓越的遗址是在巽伽王朝、而不是阿育王时期建的，其造型在印度的任何其他地方都找不到，尽管在后期新添了一些比较浪漫主义的建筑物。顺便提一句，在吉尼·坎宁汉姆的探险之后，舍利塔的残垣彻底成了废墟（参见 95），作者的考古队不得不在它倾颓的废墟中将它重建。收藏家科尔已经在 1882 年将附有雕刻的通道重建了。

图十四 95

　　3号舍利塔东北方向后面是另外一个尺寸更小的舍利塔，此塔现在已经完全成为废墟。现存的塔身是按照3号塔的风格建造的，无疑其建造年代和后者一致。和低处游行路径上的石板残余物都被标记过，现在还在地面上、楼梯上或者护堤栏杆上，都没有任何迹象表明那些栏杆的存在。另外一方面，一块球型顶藏圣骨的四方体（又称宝匣）栏杆，雕刻精湛的顶盖石在这尊舍利塔的南面被发现了，它很有可能是这些栏杆的一部分。这块顶盖石（参见104j）有5英尺7英寸长，但是一端是破损的；在它的外表面上装饰着起伏的荷花和叶子，还有鸟儿栖息在其间。

图十五 104a-1

　　另外一个在山顶上，和巽伽王朝时代有关的舍利塔是 6 号，它的位置稍靠近 18 号寺庙的东面，在主平台末尾的南端。这个舍利塔的中心像 3、4 号舍利塔一样，是由当地的点缀有削片的砖搭建起来而成的，很明显这个舍利塔和其他的舍利塔属于同一个年代。然而，现存表面的砌石墙更为现代一点，它很有可能是在 7 世纪或者 8 世纪才加建上去的。在那个时代，原来的表面很有可能已经坍塌了。后期的石料都被铺在了很平且装饰很好的道路上，厚度从 2 英寸到 6 英寸不等，中间还插入了更短的道路，上层建筑和底座的底部都因为这些过道而更坚固（这种结构在以前的建筑结构中是完全找不到的）。在中世纪大多数的舍利塔和这个遗址一样，后者在平面图上是方的，没有如此高的高度。舍利塔的每个边的测量长度大约是 39 英尺 6 英寸；它的高度大约是 5 英尺 4 英寸。作为这个建筑早期中心部分的一个例证。值得一提的是，围绕这个院子旧墙的低处，使用与它的中心结构一样的石料。院子地面那一层要比现在的地层低数英尺。在之后的时间里，这些墙的上部被修好了，像舍利塔本身，使用的是更小更整洁的石料。

　　高原上的其他舍利塔都属于中世纪。它们当中最显眼的应该是在 6 世纪建造的 5 号舍利塔（参见 115a）。像所有中世纪时期的舍利塔一样，它的中心是由碎石和泥土构成的，表面铺成了一排整洁细长的石料，其基脚和 6 号舍利塔相同。然而在这个案例中，基座是一个圆形而不是方形，其直径为 39 英尺。它南面伸出的是一个纳古里地方石料做的底座，其建筑设计和建筑样式都表明，它的建造时间是 7 世纪。它本来应该是一个坐佛像的底座，在若干年后又错误地被放在了大舍利塔的游行通道上，在南大门的对面（参见 125e）。这个基座本身的模雕雕刻，要比大舍利塔游行通道上的基座模雕的雕刻手法更先进一些。

图十六 5 号舍利塔

我们将要谈及的是和 5 号舍利塔同时期的，及高于原西南角的 7 号舍利塔，以及在 17 号寺庙（参见 105a）的两排舍利塔，他们分别是：12、13、14、15 和 16 号舍利塔。这些舍利塔的建筑风格都是一样的。它们基座是方的，用碎石以及泥土构建而成，表面用整齐的石料装饰，在一周又有基脚来加固。其中在几个中心有一个小方形的罂坛，其他几个是实心的。由吉尼·坎宁汉姆打开的 7 号舍利塔有 7 英尺高，7 号舍利塔中被证实没有舍利子。四面仍然残存高台的是后来建造的，高台使底座的尺寸从 28.05 平方英尺扩展到了 38 平方英尺。高台本身的设计要比舍利塔塔身的设计更为现代化，这一点证实它是建在了废墟层之上的这一观点。从高台的北面伸出的建筑，很有可能是与其同一时期的建筑，这些延伸出来的部分可能是人们推测的经行大道（cankama）或者一条大道，在它西边的末端建有两个普通的圆形小舍利塔。

图十七 17号寺庙

12号舍利塔中的窣坛已经完全被毁坏了，但在已经倒塌的石墙中间，我们找到了一个贵霜王朝①时期使用马图拉砂岩雕刻而成的柱角雕塑（参见123d）。柱角有8.25英寸宽，很不幸的是，装饰在其表面将近一半的浮雕以及写在上面的铭文已经被毁坏了。剩下的浮雕上是一个坐着的菩萨像，菩萨的右边有两个信徒，其左手拿着花环。铭文（830号下文）记录了名为Vishakula的女儿对弥勒菩萨的供奉。

在14号舍利塔中发现了另外一个雕像，不像上一案例中的雕像那样躺在废墟中。这尊雕像放在窣坛西墙，它的面前是另外一堵保护墙（参见105b）。这尊佛陀雕像作禅定印（dhyana-mudra），双腿交叉而坐，和冥想的姿势极为相似。像上面所说的基座一样，这尊也是用马图拉沙石做成的，也是马图拉流派的作品。但是它的面部特征，尤其是嘴唇，眼睛还有用传统方式处理过的头发，一点都不模式化的衣服质感都表明了它是笈多王朝早期的，而不是贵霜王朝时期的作品。由于这尊雕塑在被供奉进来之

---

① 贵霜王朝：Kushan Empire，古国名。127年—230年为其巅峰时期疆域从今日的塔吉克绵延至里海，阿富汗及印度河流域。

前就已经被打磨过，这更加印证了这个建筑是相对晚期的作品，在其他基底上的雕塑应该大约是 7 世纪前后的作品。很有可能这尊雕像是从早期笈多王朝时代的神龛中带来的，随后慢慢腐朽，被埋葬在这里作为一种特殊崇拜的物品。埋葬旧的祭祀雕塑，整个或者残件，在佛教舍利塔中这是一个惯例，这个惯例在中世纪时期很普遍，不仅在桑奇有例证，在鹿野苑、祇园精舍以及其他遗址中也有所发现。

图十八 14 号舍利塔雕像

　　当大舍利塔被围起来的时候，像所有更著名的佛教神龛一样，包围它们的是高原周围大小不同的舍利塔。塔门中的大多数似乎在 1881—1883 年①的探险中已经被清除了，当时这个区域栏杆周围 60 英尺的舍利塔都被清除了。除了上面描述的那些，还有剩余的主排屋（参见平面图 2）东侧的舍利塔群和 7 号舍利塔也被保存了下来。在这里，大量堆积起来的建筑残存物对它们起到了保护作用，还有像在菩提伽耶和鹿野苑找到的大量坚

---

① 译者注：1882 年，在柯尔的指挥之下，大塔的两座塔门和三塔残存的塔门终于重新站立起来。由于他们不是专业的考古学者，在整理的过程中，原本残存在四周的小塔也被当成垃圾，扫除到只剩下基座。

硬的石质舍利塔。在这些建筑样板里面，非常值得一提的分别是平面图上的 28 和 29 号，他们坐落于靠近 31 号寺庙楼梯的左右两边。这两个小舍利塔都有很高的方形底座，其飞檐和基脚都是早期笈多王朝时代的风格，同时同貌。然而两者的内部结构并不雷同。楼梯西边的那个从里到外都是由石头做成的；但是东边平面图上的 29 号那个，其基底大约有 8 平方英寸，由一个大尺寸砖头的核构成，这个砖头无疑是从更古老的建筑中拿来的。在这个核的中心，从地基算起，3 英尺高的地方，有一个很小的罍坛，在里面有一个很小的粗制粗陶杯子做的舍利盒，上面盖着一个类似结构向里弯曲的盖子。在这个粗糙现成的容器中，有一小块骨舍利以及一些破碎的上等精美瓷器花瓶，这些花瓶是在孔雀王朝以及巽伽王朝年代制造的。正是在这个破损的花瓶中，却完整的保存了舍利盒，让我们不用去再怀疑这个舍利子之前是在另外一个更为古老的神龛中受供奉的。在笈多王朝早期，当这个舍利塔开始被风化的时候，它被转移到了那个更小的建筑物中，一起被发现的还有舍利塔以前所在的舍利盒碎片。在同样一个舍利塔上部（大约表面以下 1 英尺 3 英寸处）的底座处，有一个马图拉砂岩的人物雕像在 105c，上面的铭文记（829 号）记载了这个雕像的是世尊释迦牟尼中的一个，并由瓦斯贵霜纳（Vaskushāṇa）国王统治的第 22 年，由名叫 Vidyāmatī 人建造而成的。

其雕刻风格是典型的胡吡色伽时期（Huvishka）以及华苏戴瓦时期（Vāsudeva）的马图拉流派。

2. 立柱

我们看到了在阿育王后期，建造舍利塔之风迅速流行开来，由阿育王建造的带有浓重宗教色彩的舍利塔被他的后人所效仿，事实是他所建立的宏伟的支柱不仅仅只竖立在他的舍利塔旁。在后来，一些寺庙也开始接受了这种在纪念堂前竖立这种供奉用的支柱，当时他们是仅次于舍利塔的神圣建筑。对这些立柱的重复建造可以看出，有些祭祀立柱的历史要比佛教的历史久远得多。然而对于这个观点，尚没有真正的立场。这种或者那种的立柱无疑从上古的印度开始就一直很普遍。例如：在遥远的吠陀时期，人们曾经使用宇宙（Yūpa）柱进行祭祀；虽然通常是木柱，这样的柱子有时候也会被做成石质的。也很有可能这种纪念立柱的形式在孔雀王朝之前的时代就很常见了。但是就佛教而言，是阿育王最先引领了竖立立柱的潮流，就在这种潮流流行开来以后，他立的立柱在那些虔诚的信徒眼中已然神圣不可侵犯了。很快的，作为具有宗教价值的作品，很多其他的模仿物也就相继出现了。后期的例子都不完全意味着他们是早期作品的复制品。立柱的多样性的发展有很多不同的方式，有的是从制作八边形或者六边形的立柱开始的，有的在一个圆顶板上加上一个方块，垒成一个栏杆，有的是在一些细节材料上加工出来；但是作为一个规则圆形的栏杆被保护好，栏杆头几乎都是钟形的。因此，它们之间虽然存在各种各样的差异，但大体上是一致的。

对于竖立在靠近大舍利塔主高台的那些立柱，阿育王竖立起来的那根在前面已经被很好地描述过了。第二个立柱，在106b，在平面图（参见2）编号为25的那一个，和毗迪萨（今比尔萨）的赫利奥多路斯[①]立柱属于同一时期，即公元前2世纪，属于巽伽王朝时期，并不像迈赛和其他人推测的那样，属于笈多王朝时期。从底座起6英尺高的地方，在南面有一些中世纪的铭文（编号836），在基底的南面是一些已经没有了面孔的人物雕像，很显然是贝壳类的；但是这些记录都是在这两根立柱竖立起来很久之后才刻上去的，因此，我们也不能推断他们的建造年代。然而从它的设计风格以及表面的装饰来看，他们应该是属于巽伽王朝某个时代的作品。从老地基量起，这个立柱的高度，包括其柱顶，是15英尺1英寸高；其基底的直径为1英尺8.5英寸。八边形的立柱共有4英尺7英寸高；在它之上，是十六边形的柱子。八边的那一部分，六个面是平的，另外两个面是有凹

---

① 　赫利奥多路斯：坎巴芭芭 KhambhaBaba，根据独立式柱身上的铭文记载，这是一座揭路荼（Garuda)巨柱，由居住在塔克西拉的希腊人赫利奥多路斯为纪念婆薮天而建。根据碑铭题刻的内容，这座柱子的历史可以追溯到公元前 140 年。

槽的（分别面向西北以及西南）；在上面那一部分，交替面是有凹槽的，八个凹面是由八边形的各个面构成的。这种在转接点上缝合的手法是公元前一二世纪的特点。据我们所知，它绝对不会是后代的手法。基柱的西面已经脱落，但是榫接顶部的凸榫仍然完好。顶柱是传统风格的钟形状荷花，柱头边上有叶子垂落而下；上面是环形的柱颈线脚悬索；然后是从一个念珠和菱形构成的图案。接下来的是更大一点的环形柱颈线脚；最后，一个装饰有栏杆浮雕的方形顶板。其顶上的图案，很有可能是一只狮子，可惜已经消失了。

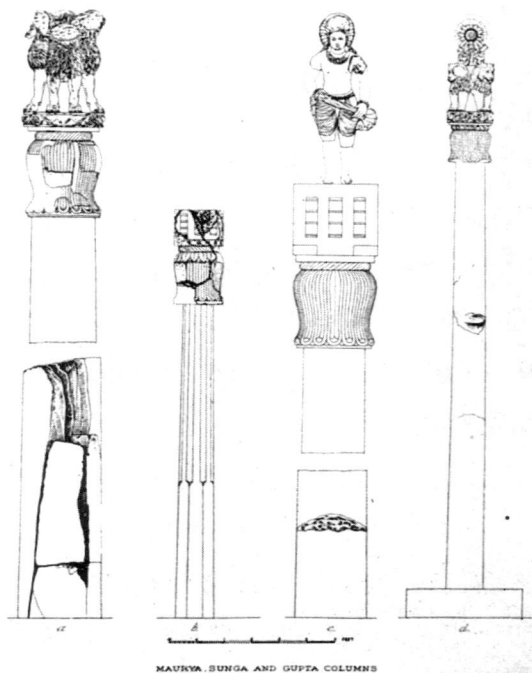

MAURYA, SUNGA AND GUPTA COLUMNS

图十九　立柱 106

　　第三个柱子，编号为 26，竖立在上文所述的立柱北边，这个柱子属于笈多王朝时代。就其设计来说，它的制成石料和其他立柱所用石料的质量和颜色是完全不一样的，这些石料都来自 Nāgourī 采石场，这些石料的颜色为各种各样的浅黄色，石头上还有些略带紫色的棕色。这个柱子只有两部分组成，一个是由环形基柱、方底（属于笈多王朝时期风格）组成，另外一个是铃铛形状的柱头、狮子雕像以及大碹的金轮（参见 106d 以及 108a）组成。不幸的是，基柱已经损毁而变成了三部分，由于中间的衔接石已经裂开，已无法再缝合。整个柱子总高将近 22 英尺 6 英寸，破损的那一段仍然完整，从基座到最高处一共有 5 英尺 11 英寸。在这个破损柱子的西北面是笈多王朝时期文字（下文中 835 号）的铭文，记载了作为礼物的金刚手菩萨 (Vajrapāṇi 大势至菩萨) 柱子 (35 号)，通道的两根柱子，一所寺庙的祭祀亭，这些都是由一位律陀罗犀那一世或者名为 Rudrasiṃha,Goṡūra–siṃhabala 的儿子建造，他是一个寺院的主管人。笈多王朝时代的方形基底通常在地基上拔地而起，在我们讨论的案例中，这个基底高 1 英尺 2 英寸，在它的顶端有一个小的平台，有 4.16 平方英尺。有狮子雕像的柱顶，仿效阿育王的立柱而成，手法很拙劣，柱头顶端还添加了法轮，法轮上还添加了不同的细节（参见 108a）。变化的问题出现在：钟形顶柱颈线脚是用一些缎带绑在一起形成的，环形顶板上雕刻着一种另类的大小不对称的鸟和荷花图案，不像早期印度艺术风格那样非常精确均匀对称。像南面通道那些风格迥异的狮子一样，这里的狮子每只脚上也有五个爪子。从另外一个方面讲，它不仅代表了真理，而且还略带艺术风格。值得一提的是，用于支撑金轮的方砖，四面都刻满了做工精致的鸟及花的图案。

图二十 108a-d

　　竖立靠近北通道的大立柱的年代是笈多王朝时期，也就是平面图中的
35号立柱。这个立柱被人们反复提及，说明它和其同时期靠近南通道的阿
育王立柱极其相似，但是还是需要一个必要的方法去判断它是否属于孔雀
王朝。它的每一个特质，不论是结构上，还是风格上，或者是技术上，都
属于笈多王朝时期的工艺。基柱的大部分都已经毁坏，但是其残余部分仍
然保存完整，地基也完好无损（参见106c以及108b以及d）。拱起它的
柱顶雕塑也保存的相对完整。残存下来的基柱9英尺长，从顶上丈量，有
3英尺10英寸长，其表面呈弧形且光滑，剩下的部分包括基底，呈方形，
装饰的不是非常华丽。在方形和环形的连接部分，直径是2英尺7英寸，
顶柱的底有2英尺3英寸长。基柱和柱顶的材料全部是当地的纳古里石料。
在笈多时代，将底座做成巨大方形是一种基本的做法，然而据我所知，在
孔雀王朝时期那些立柱一律都是圆形的。我们还知道，孔雀王朝的立柱以
其惟妙惟肖的雕刻，以及高度打磨的柱面而显得与众不同。这个立柱的柱
顶上我们没有看到浮雕，看到的是简单的雕工；虽然在这个立柱上可以看
得出来大量打磨的痕迹，但是孔雀王朝的打磨魅力已经在这个立柱上不见
了踪影，以往立柱的光泽已然不复存在。至于大石头地基，我们还不能用
其他遗址的数据来评估它的准确年代，但是值得我们注意的是其建筑计划
要比南通道附近的阿育王立柱的地基更加集中而系统。另一方面，封住35

号柱基底的石面设计风格和建筑风格都是属于笈多王朝时期的，对被用做保持立柱垂直的基柱底部楔形的铁浮雕进行分析，证明了它的手法和笈多时代的其他手法是一模一样的。这个分析如下，在此我很感谢罗伯特哈德菲尔德先生（Sir Robert Hadfield），F.R.S.：

C Si S P Mn

05 09 009 303 09

有了这些分析数据，当我们把这些数据与靠近德利（库特卜）的 Candra 遗址分析数据来比较时，就非常有趣了，按照名字先后为：

C Si S P Mn

08 046 006 114 Nil

用带有浮雕的栏杆装饰成的古波斯帝国波利斯风格钟形（Perse-olitan）立柱和方形顶板有 6 英尺 1 英寸高，它是从一整块石头上裁下来的。因此，吉尼·坎宁汉姆和梅西找到的散落在柱顶旁边的雕塑是从柱顶上掉下来的，他们对此的判断是正确的。这尊雕像（参见 108b）的基柱和柱顶的材料同样都是用 Nāgourī 石制作而成，雕像展现的是金刚手菩萨的站姿。这个菩萨穿着腰布，其手上、耳朵上和脖子上分别佩戴有手镯、耳环以及镶有珠宝的项链，头上戴着"天福之面"（参见译者：敦煌莫高窟第 285 窟"天福之面"（kritimukha）考，《敦煌研究》2017 年第 1 期第 102 页）头饰、垂饰以及珠宝。他的头发是卷曲的，向下垂过了肩膀和背部。头发下端有两根缎带作为末梢，他右手拿着金刚杵，金刚杵的一端连到了右边的臀部上；他的左手拿着一条围巾的末端。这尊雕像的有趣之处在其光环上，这个光环是打在墙上的 12 个同样大小的圆洞组合而成。我们可以明显看出这个光环对于这尊雕塑的尺寸来说实在是太小了，这些圆洞无疑不是为了这尊雕像而制作的，它很有可能是为了那些镀金的铜佛像而准备的，剩下的那些很可能被涂色或者是镀金了。正像吉尼·坎宁汉姆上尉和梅西所说的，由于这尊雕像站在这个柱子的顶端，所以我们没有必要去怀疑它是笈多王朝时期的作品，也更不用去跟任何需要了解印度雕塑的人去做这个解释。很可能是在后期被加上去的柱基，有 9.16 平方英尺，其高度为 2 英尺 4 英寸。它的装饰线条现在已经遭受过了大量的风雨侵蚀，但是其年代似乎和立柱属于同一时期（5 世纪）。

第五个，也是最后一个我们要提及的是 34 号立柱，它现在被静静地摆放在大舍利塔的东通道的南面，这个立柱已经毁坏了，只有在 1851 年，迈赛在画中重现了它完整时候的样子，作者在舍利塔的周围废墟处找到了其中两段。一段包含了带有柱颈线脚的钟形柱顶，以及集柱下方的八五成；另一端是狮子雕像顶，以及使其站立的顶板（参见 108c）。这些雕刻很明显是笈多王朝流派的作品，但是比起与其同时期的其他作品，他们的做工是十分拙劣的，他们双顶的设计让人感到无法理解，很奇怪，其档次很低，他们的石料来自乌达耶吉里石窟采石场。

3. 寺庙

从规模大小和文物价值上讲，主台地上所有寺庙中，最重要的要数平面图上的 18 号寺庙了，它竖立在大舍利塔南大门正对面的高处台地上（参见 112a 及 b）。最近的挖掘工作揭示出这个寺庙的平面图（参见 111）是和从岩石中挖掘出来的 Kārlī 支提大厅一样。在别处，有一个显著的不同点——在这个建筑中半圆壁龛是闭合的，并不像石窟寺那样是圆柱形闭合的样式，它是由一堵坚固的墙围拢闭合而成的。这样的差异，其原因是因为这样一个不靠任何支撑物竖立起来的灯塔，可能支撑物存在于一个穿过外墙窗户的过道上。因为现存的墙从内部的地板上算起已经不到两英尺了，所以这些窗户是如何排列、尺寸多少都是值得思考的问题。这些问题我们都没办法确定，但是如果我们假设这些窗户和塔克西拉的詹迪亚尔火神庙（Jaṇḍiāl）的窗户那样，前面等间距有 8 个窗户，后面有 4 个，这个猜测不会过于错误。半圆壁龛周围的内墙有 3 英尺厚，是干砌石墙，这和上文中提及的中世纪舍利塔极为相似。它的地基在地板层以下只有几英尺，坐落在 1 英尺厚的废墟墙上，但是在它底部有一堵更早时期的墙，其坐落方法和后者一样，在一颗巨大的圆石上。外墙的建筑方法是一样的，寺庙的前端也在松散的废墟中被找到，但是在通道的后面，坐落在古墙的遗址上。中央大厅的立柱和壁柱是浅黄色或者紫灰色的 Nāgourī 整块石，每块基本上都是方的，17 英尺高，楔率稍向顶倾斜。其地基在每个边的长度从 21 英寸到 23 英寸之间不等。他们没有深入地底，而是竖立在地基石上。这些地基石本身不够坚硬，不太牢固，所以建筑师用木屋顶将所有的立柱捆绑起来，这使得他们能保持在原位不变。他们成功地做到了这一点，木材是整根的，但是坍塌的三根柱子在西北角，西边的壁柱也倒下了，另外一个立柱以一个危险的角度倾斜在那里，他们都被一个框缘支撑着。这个有趣和新奇的设计雕刻在这个柱子（参见 111a）的四个面上，它们似乎仍然处于没有完成的状态，类似的风格是 7 世纪的桑奇最受欢迎的手法之一。在孟买塔尔瓦尔地区的艾荷洛遗址，还有更远一点的德干高原地区的埃洛拉（Ellorā）①遗址中都能找到这样的手法，但是我没有意识到的是在更远地区的较早建筑中也有类似的手法。这个柱子的竖立年代是公元 650 年，这和这座寺庙的建造年代相似，这个时间的确定是经过了其他因素考虑的，比如其围墙的建造风格，后期的寺庙扩建，以及在之前建筑物上加上去的建筑物等。之后的两个添加建筑物，一个说的是添加在半圆壁龛的石头，由于这块石头的添加，半圆壁龛高处了 13 英寸；另一个，说的是门口内部的石墙，该石墙的石料也是纳古里砂岩石料，和内部的一样，只是还要在颜色上较后者更灰暗一些，石墙长 10 英尺 8 英寸，宽 2 英尺，厚 1 英尺 4 英寸，上面有浮雕做成的装饰，其设计风格证明他们和东台地上的 45 号寺庙属于同一时期的作品，即公元 10 至 11 世纪。其基底上有一男性和一女性雕塑，肩并肩，女性雕塑站立在摩伽罗②上方。他们脚下是三个丰

---

① 埃洛拉：埃洛拉石窟位于印度西部马哈拉施特拉邦（Maharashtra）的重镇奥兰加巴德（Aurangabad）西北约 25 至 30 公里处，境内有 34 座石窟：佛教石窟共 12 座，印度教石窟有 17 座，耆那教石窟有 5 座。

② 摩伽罗：Makara，旧曰摩伽罗。玄奘译为摩竭。印度神话中的海兽，恒河女神及伐楼拿的座骑。它亦是印度教中代表爱与欲望的神祇伽摩的标志。传统上，摩伽罗被认为是海中异兽，有人认为它的形象是源自鳄鱼，亦有人亦认为是鲸鱼、海豚、甚至是鱼身象头等的海兽。

满的人物造型，两边各一个，中间还夹着一个。中间和左手边上的人物是站立着的；另外一个是跪着的。上面是四个垂直的带子，里面刻有卷草型图案，另外一个上面刻着8个侏儒，他们每个都站在另外一个上面，第三个带子上面有6对性爱男女的浮雕，第四个是一个壁柱。

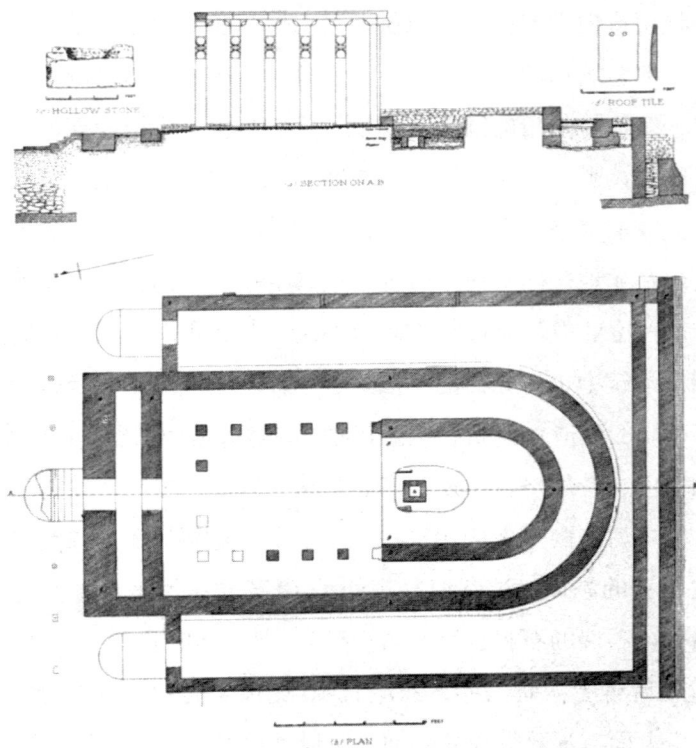

图二十一 111a-b

图二十二 112a-b

　　这座寺庙的半圆壁龛上曾经有一座中世纪时期的舍利塔，其残骸在1851年由基恩·梅西（Gen. Maisey）找到。其中包括滑石花瓶，人们猜测其中藏有舍利子。即便舍利塔所有的排房都被毁了，但这个半圆壁龛上的舍利塔看上去却一直保存得很好，就像建造在非常脆弱的地基上的寺庙的墙一样。寺庙的地板是板石铺成的，这些也用作铺寺庙庭院。在平面参图

111 中，我们将会看到这个庭院的尺寸并不大，而寺庙的面积要比它大，前室依然建在了北墙的外面。因此，寺庙和庭院的大小完全不搭，庭院唯一的入口在寺庙的东西墙上只留下了两小段，而这两小段都是厚石板铺成的。

唯一值得一提的是，在这座寺庙挖掘出土的较为近代、七八世纪的古物中，在半圆壁龛东边过道地板上的土堆中发现土陶匾额共计56个。他们大小不一，但是图案几乎都是一样的，每个上面都刻有两个分离的印记，边缘是粗糙装饰的扇形（参见 113a 和 b）。下面的那个印记是两者之间比较大的一个，菩提树叶形状，上面刻画的是佛陀坐在莲花宝座上，作触地手印 (bhaumisparsa–mudra) 的姿势，佛头的两边是两个小舍利塔，身体的两边是七八世纪的佛教信条，身体上面的椭圆或是圆形状的部分也是佛教信条。

图二十三 113a-b

说到这座寺庙的修建年代，我们提到了在相同遗址上更早的建筑物存在。这些建筑物的残骸构成了半圆壁龛下半部分分离开来的地板层，至于半圆壁龛和过道后面的墙下石基，以及寺庙周围坚固的加固墙的年代要更为久远一点。早期的地板每三个为一个单位，从遗址部分的残存来判断，最上面的三个由水泥石灰构成的地板是 5 世纪或者是 6 世纪间铺好的；接下来的两个是公元前 1 世纪的，在最低处的两个来自孔雀王朝，甚至是更早的巽伽王朝时期。就像阿育王时期立柱底下的珍珠栗地板一样，这最后一层地板铺在了天然的鹅卵石上面，因为它是为内部装饰而设计的，就像大舍利塔那样，用珍珠栗地板铺垫，而不是在捣碎的泥土层上包裹石灰泥铺垫的。同样年代的墙体还有这座寺庙东南西边的挡土墙。在山顶边上有一块天然石头搁置在正南边，建筑师们为了给他们的建筑提供一个台地，他们不得不建一面巨大的挡土墙，然后用大卵石和泥土将台地的闭合部分垫高。这些挡土墙的建造方式和后来扩建大舍利塔的风格是一样的，是用

81

锤琢石面和砖块建造而成的，墙的高度在 12 至 13 英尺。看起来寺庙南面的挡土墙无法应付这面墙可以承受的张力；第二面墙是其后建造上去的，两墙之间填满了大卵石。第二堵墙的厚度超过了 4 英尺，在墙脚上还有很多基脚，这堵墙应该是在第一堵墙建好不久后就加上去的，上面也有很多石头。由于其上部的坍塌，我们已经不能判断它是否和第一堵墙同样高了。

寺庙西面和主排房形成的南面墙之间的角落里堆满了废墟，废墟是从上面寺庙上掉下来的。接近废墟的底部是大量的土陶瓦片，其图案如 111d 所示，和这些土陶瓦片一起的是孔雀王朝工艺的标准石滚子。这些瓦片的做工不是很精致，有 9×6 英寸大小，高处 1 英寸厚，低处有 0.5 英寸厚。它们无疑是早期屋檐上的瓦片，那个时期建筑的上部结构和大建筑物比起来，应该主要是木制的。标准滚子也是用打磨过的久钠尔（CHunar）沙石做成的，这和阿育王石柱以及大舍利塔破损的伞状建筑物的用料是一样的。很不幸，滚子的边缘和这些建筑的大部分底部结构都已经消失，但是残存下来的部分表明它曾经是当时手艺高超的石匠的经典例证。它由一个泥土覆盖的方底和一个八边的细角的基柱构成，其细节的做工极为精致，上面滚子下面是扣住所有东西的杯子形状的柱顶。不算已经遗失的滚子，这座遗迹有 2 英尺 2 英寸高；要是算上滚子的话，其高度接近 3 英尺 5 英寸（参见 104b）。在其他一个当地制作的滚子上有婆罗米文 (Brāhmī) 古体文字书写的铭文，其年代或许更靠后一点，上面写着 "Bhāgāyapasādo"，从这则铭文上我们可以很明显得看出，这个滚子是为了分配供奉给伽蓝的食物而建造的。因此也有人猜测孔雀王朝的滚子都有着相同的作用；这也有点小小的疑问：对于建在第二个舍利塔山坡上面的大滚子的作用是否也是一样的，后面将会提到。

在南边挡土墙下面，整个区域废墟下面的台地通道是用桑奇当地的石头铺成的，其做工比起巽伽王朝时期主台地的铺垫来说，很明显要粗糙以及更加杂乱一点。在这段路上有一段后期加上去的墙壁，这段墙只有一两段墙根残存了下来。从主台地的南面挡土墙开始到西墙根，共长 32 英尺 6

英寸，向南的距离是 135 英尺 6 英寸，然后向东拐弯在石面上多建了几码的距离。这堵墙的建造年代和原来台地挡土墙的建造年代应该是一样的。因此，如果后者属于孔雀王朝，那么很可能其南面的通道就属于前孔雀王朝了，它要比这堵墙的年代更古老一点；也更有可能，如果挡土墙属于巽伽王朝时期，那这个通道很可能是属于孔雀王朝时期的。

从这座早期建筑的设计风格和造型来看，它很有可能本想被做成拱顶大厅的样式，和 40 号寺庙上的最古老的大建筑物相似；直到后来的一个更久远的时期，拱顶上的舍利塔才被建成。看起来拱顶背面早期的墙，或者走廊外围的墙属于孔雀王朝时期是不正确的。因为，如果说他们的地基是在那个时期竖立起来的，那么他们很有可能早就已经被毁坏了，并且被埋在了底部岩石之下。因此，我们可以推断，与其说他们是孔雀王朝时期的作品，还不如说他们是巽伽王朝时期的作品。坐落在早期拱点前端下部的基石之上的是一块厚重的巨石，将近 4 平方英尺，中间凹下去（参见 111c）。它很有可能是由一个早期的探险家留在那儿的，但是，看起来似乎它不太像是中世纪的作品，因为支撑 18 号寺庙里面的一个柱子底的柱环的尺寸和中间凹下去的部分相当吻合。

把这个有趣的建筑留存下来的部分保护起来其实是非常困难的，也需要很大的劳动力的，而且困难变得越来越大，这是因为早期这个地方就没有足够的器械。中殿里很多柱子都以一个危险的角度倾斜在那里，把废墟和丛林中的灌木清除之后，第一件要做的事情就是把他们复原成垂直状。要把这些柱子完好无损的复原，一个异常坚固的脚手架是非常重要的，同时，因为无法获取木料，复原不得不加以碎石，并以箍铁条加固的石灰为原料。这堵墙有两道，相互平行，在柱廊中间，有短的横墙贯穿其中；为了使后者与地基更为相接，里外墙低处的半圆拱门都是相互对立建造而成的。像以前一样在每个柱子周围，用这种安全的方式以及坚固的脚手架形成围墙，使剩下的任务变得相对简单。首先眉梁是用螺旋千斤顶撑在梁材之上，然后，柱顶被举起来，整个立柱都被顶成了垂直的。柱子的地盘是用波特兰水泥灌制而成的，在他们的底下镶有钢制凿子，灌浆迫使压力全部被裂缝吸收。柱顶以及眉梁向前的部分相对低一点，都被调整到了他们应有的位置，非常安全地夹在一英寸厚的铜夹片之间。除了把这些立柱全部复位成垂直状，把西边和南边寺院里面的挡土墙拆除重建也势在必行，这些墙已经向外鼓胀，同时还应该把寺庙本身低处的墙复位（cf.112a以及b）。

刚刚描述到，竖立在寺庙东北角的笈多王朝时期的17号小神社，是一座非常朴素的建筑，同时它也是在印度本土找到的此类建筑中最具吸引力的一座（113d）。它的平面图（114b）是希腊"前柱式构造"。也就是说，它包含了一个带有门廊的独立的方形膛，前面有四个柱子，以及入口两边遥相呼应的壁角柱。除了底座线脚部分，方形膛的尺寸为12英尺5英寸×12英尺9英寸，高度为13英尺。它的墙壁是用Nāgourī石做成的，异常厚，内外表面都是用同样的方式堆砌而成的，其中有几块的长度达到5英尺3英寸。但是，虽然看起来似乎很强坚固，但是这些墙的内部是用松散的碎石构成的，在石料的表面还有些将内外墙结合起来的固定砖。再者，地基缺乏柱基（这是那个时代工匠所犯的一个普遍错误），因此，水慢慢地渗透到墙中，这使方石堆表面下陷，接着部分屋顶也随之坍塌，这些其实都不为怪。幸运的是，有了螺旋千斤顶的帮助，墙没有完全坍塌。人们发现了这种可能性：石料背面的墙支柱尤其是寺庙背后，以及被灌浆的裂缝里，几乎完全吻合了原来的凹面，这使得它被保护的很好，而且防水。神社的屋顶最初使用巨大的厚石板做成，有8到10英寸厚，从走廊一直延伸到圣所。走廊用两开这样的石板铺成，圣所用了三块，其中两块已经损坏并且无法再使用了。在外面装饰走廊侧墙的，是垂直的叶片花式以及114c与d所示的圆花式图案。在他们旁边，是钟形顶，4、8、16变形的壁柱。柱廊和壁角柱也有同样相似的方形狮子顶，在每个角上都有一个两个身子和一个头的动物，在每个表面都有一棵棕榈树，这很明显是效仿附近通道的雕塑所做的。

　　我们在这些章节中所设立的这些限定，使得我们不能去讨论笈多王朝时代的建筑或者雕塑，但是值得顺便提一下的是，在这个时期很少有这样的遗迹能像这个小神社一样去展示笈多艺术，以及笈多文艺的智慧以及那种合理的美。例如，将其与其临近的大舍利塔通道相比，百乘王朝的非理性以及精妙的木质结构现在已经变成了理性的石质结构。各个建筑布局，不论是底座或者是柱子本身，还有柱顶或者飞檐，如今看来仍然非常合理，他们很好地运用了材料的特性。相比之下，那些装饰都变得更为简单。在这几点上讲，中世纪印度的舍利塔建筑和古希腊经典建筑之间无疑存在着一定的亲属关系。这个亲属关系的例证：桑奇的神社和古希腊的前柱式构造。这个例证不能证明它的建筑灵感来自西方的建筑标准。也确实很可能就是这样的。因为笈多王朝时代的印度艺术，主体以及灵感都明显受惠于西方世界。然而如果我们贸然推断笈多王朝时期的经典艺术仅仅是去模仿国外艺术形式的话，那我们也是大错特错。这些经典很大一部分的来源，犹如我以前在一些地方解释到的一样，是中部印度人们的智慧以及天赋，这和希腊在公元前 5 世纪经历的时期大概相似。如果是这样的话，我们也就为之感到奇怪，它的艺术、思想，以及对智慧的表现力、人本精神都和希腊艺术的一样。事实上，这个小神龛从它的每块石头中都反映了当时人们的气质，以及那个年代的风格。那是一个非常有原创力的时代，并非模仿。如果我们不嫌其烦地去把它与安达罗时期（Andhra）的创作相比，我们就会在一个非常有说服力的索引中，找到印度文化在公元前 4 个世纪之间的改变。

　　在 18 号寺庙入口的对面曾经竖立着另外一个神龛，其年代大概相同，只是其大小要比之前说的那一个要大一点。残留下来的一切只不过是底座的石头以及向东的走廊。但是竖立在废墟上的是两个大的和两个小的石质壁柱，除了其他的建筑结构，它的建筑风格表明它是笈多王朝时代的作品。较大的壁柱有 6 英尺 10 英寸高，有凹槽的瓶饰柱顶，悬索柱颈线脚和集柱都从方形到八边、六边形中穿过。同样设计的，较小的一个有 4 英尺 7

英寸高，雕刻的侧墙总共有 6 英尺 7.5 英寸。

在主台地的第四个寺庙坐落在东北角，就在 5 号舍利塔的后面（114e 及 115a）。它由一个朴素的柱形房间组成，房子坐落在一个大的柱基上，里面放着一副坐在莲花宝座上的佛祖像，佛像与入口相对（115c）。柱基本为另外一个更早在此的寺庙所建，这座更早时期的寺庙，同属于莲花宝座下面祭祀雕像的基座，这个基座还保持着最初的位置，比现在的寺庙稍微低一点。这个早期的神龛肯定是 6 世纪或者 7 世纪建造完成的。因此，现在在这个建筑上竖立的两个壁柱，虽然其设计风格和 18 号寺庙相似，其建造年代也无疑是相同的，但以前不大可能属于 18 号寺庙风格。还有，另外两个柱子都属于笈多早期时代（114g），因此他们肯定是从其他建筑物上取下来的，很有可能是这个区域东边那些长长的挡土墙下面暴露在外的柱基之一。神龛之中的祭祀雕像是略带紫色和棕色的桑奇砂岩，表现的是佛坐在莲花上的情景。很不幸的是手和前臂已经遗失，但是从裂口处可以判断出，其两只手都是竖立起来的，佛像肯定是被塑造成了转法轮手印的样子。虽然也可以将其倒塌原因归咎于自然原因，因为经历了在 6 世纪或 7 世纪到现在这么长的时间，使得基座和柱子根部不能吻合，但是我们也必须假设，像这样的一些柱子也有可能是从其他神龛中带过来的。这座雕塑的光环保存得很好，这是叶形设计的一个经典例证。雕塑上只有一片，上面的设计有四个轴：里面的两个由莲花叶组成，旁边圆花饰的最外一层，是一个破浪起伏的叶形图案，光环的外层成串珠状。

对这座建筑的保护包括了很多方法。它的高台使其西北两边都有了空间；寺庙的墙是用松散的石料做成的，这在中世纪后期应该是一种流行的做法。柱子已经垂直下陷，屋顶也有很多破损。因此，将屋顶顶起来，并且将这些柱子复原也是势在必行。拆毁并重建这些墙体，使用的黏合剂也就不能是泥，而是灰泥。修复屋顶的凝结物，以及铺砌通向台地的楼梯用的是水泥。入口的两个侧柱已经完全毁坏，由于新建的两个不是为了支撑过梁，侧柱后面的干石石料又用灰泥重新铺砌了一遍，为了防止其进一步的崩解。

当挖掘这个寺庙台地的时候，有一个遗迹也被挖掘了出来，它就是佛陀眷属、天龙八部中的龙王那伽（Nāgī 龙）雕像，7 英尺 6 英寸高（包括底座上的凸榫），凸榫的角度是为了拼接接近它的楼梯，台地表面在西边（115a 和 b）。这座用纳古里砂岩做的雕塑是在 4 世纪或者 5 世纪完成的，当时其周边肯定没有其他东西。雕塑底座下面的凸榫无疑是和基座形成对接关系的，但是在中世纪后期，当雕塑以现在这个样子竖立起来之后，人们是不会使用基座的，直接就把雕像的底座放在干砌石中。后来雕像就破损成了两半，有一部分在踝关节处就以及破损不堪了。底下的那一部分和以前的几乎一样，而上面一部分躺在较远的地方。根据石料的摆放位置，很有可能当时有另外一个龙王或者龙女雕塑在楼梯的东边与之对称的。

在离开主平台之前，需要再谈论东边的挡土墙，以及平台下能够被看到的一些建筑。当谈论大舍利塔周围露天通道的时候，我们强调了它曾经在东边延长了很长的距离。它是公元前 1 世纪开始，很有可能是在接下来的三百年里，甚至更长的时间里，这条通道一直都是废墟。然后随着寺庙部分建筑的坍塌，他们的残骸逐渐侵占在了过道上，其他的建筑又在这些残骸上被堆积了起来。于是这个堆积过程一直持续着，直到 7 世纪，一个人工平台在其 5 英尺、甚至更高的地方被建造了起来，这才使挡土墙的承重达到了极限。其实很有可能 19、21、23 号以及前面提到的通往东面的路面（20 号）都属于这个时期。从这条路的圆石以及这条路的使用情况来看，这条路的年代还有待商榷，它有 9 英尺宽，朝东边有一个向上升起大约 1 英尺 6 英寸的坡度。至于 23 号建筑，只有入口台阶暴露在外，还有其用当地沙石做成的门槛。至于 19 号建筑，其墙的高度只有 1 到 2 英尺高，它是由巨大的纳古里砂岩石做的，墙底还有花托作为装饰。从这一点上可以看出，它是笈多王朝时代的作品。这些大建筑物上面的挡土墙是在东面平台升起 14 英尺高之后才建造的，所以它不可能早于公元 10 世纪或者 11 世纪；它很可能和 45 号寺庙属于同一个时期。建造它的时候，它的西边肯定堆积有很多废弃物，所以它的地基没有比高台下降九英尺。在修这堵墙的时候，我们发现我们可以在北面通向平台的悬梯下面加固地基。而且其余的部分不得不全部拆除并加以重建，使其地基再降低 7 英尺左右。

第五章　南部地区

　　现在讨论有四分之一的僧侣驻扎在南方和东方的遗迹之前，有必要解释一下在孔雀王朝前期，构成的各种僧伽蓝的建筑。根据《毗奈耶》①记载，这些建筑包含了信徒的饮食起居的地方、食堂和服务厅、柴房（通常也被译成厨房）。一个开放的柱形亭子，一个用于步行锻炼的骑马场和僧伽蓝，一个供应热浴的洗澡房，一个用于缝制衣服的提那厅，一个厕所，一个井和井楼，一个储物室，一个供应品和药品存储间。僧伽蓝的大部分都似乎是分开的结构，从各方面来看《毗奈耶》的记载中组成僧伽蓝的建筑不是一个单独的部分，很明显是一个综合的建筑，就跟它后来的形成方式通常是一样。这些供僧侣和尼姑的住宅大致有五个不同的种类包括：殿楼，普通精舍，平房，楼房和窟院。其中殿楼是常见的金字塔样式的大厦，上一层比下一层要小，这在一些情况下形成了一个柱形的走廊。从现在的角度看来佛殿并不是标准的，并非我们之后联想到的那种，有一个大的通常是两层的结构，有一个或者多个露天的矩形的被小的房间与外界隔开的庭院佛教的僧伽蓝建筑类型。一些早期的普通精舍，毫无疑问都有供大量居民饮食起居的房间，但是其他的佛殿只容纳了两到三个人，而且有时只容纳一个人。甚至那个时期建成的更大的佛殿也不跟之后的在同一个标准

---

① 《毗奈耶》：梵语：Vinaya，也译为毗尼，意译为律，佛教术语，是佛教戒律的一种。它是僧团共同生活的规定，具有强制力，相当于僧团中的法律。

上，之后的普通精舍都是朝向邻近的庭院，很明显很多的措施都是用来帮助居住者阻挡外界的视线。平房和楼房的样式是什么，它们是怎么样和殿楼、普通精舍区分开来的并不明显，但是前者是相当大和精心制作的，从它的结构上来看，《小品》中估计建造这些平房和楼房大概花了七到八年的时间是合理的，然而殿楼和更大的普通精舍却花了十到十二年的时间，就算稍小一点的普通精舍也要五到六年的时间才能建成。窟院也就是一个洞穴或者是小屋。

其他在《毗奈耶》中记载的建筑，如大殿是一个柱子支撑起来的露天的亭子，在印度漫长的历史中都是为人熟知的样式，但是在这时它更像是纯天然的有木质的柱子和茅草屋顶的凉亭，在此信徒们可以倚靠、谈话，或者有时可以提供给朝圣者和其他人暂时的住宿，似乎现在大殿也仍旧提供这个服务。经行法①或者是马场一开始仅仅是一个狭窄的带状水平地面，在这里信徒们可以走来走去和冥思；后来，它出现在了更高的基座上、装备的梯子、走廊和栏杆上，由此构成了经行堂。简单的没有被覆盖的经行法样式在桑奇的通道的浮雕中出现了几次。此后，当建造舍利塔开始流行的时候，在基底的神坛或者舍利塔的崖径在大范围的取代了经行法。但是后者与圣尊的关联从未被彻底遗忘。直到 6 世纪的后期，一位名叫义净②的中国佛教朝圣者描绘了他在那烂陀寺僧伽蓝中看到的一个石头马场。洗澡房是热的水蒸沐浴的。它配备有壁炉、热水池、洗浴的座位，洗浴者的脸被涂上的泥土来防止炙热。紧挨着它的是一间冷却室、一个供水的前厅和一个大厅。大厅取名于提那，看上去似乎有一个结构为了使裁剪师展示他们的工作，在这里衣服被缝制和做成信徒穿的长袍。储物间可能是位于

---

① 经行法：佛陀最早以经行法（cankama）度了给孤独长者须达多，靠他的赞助并成立了祗园精舍，因此经行是很重要的一个法门。

② 义净：I-tsing，在公元 671 年赴印取经，695 年返国，前后 24 年之久；三次赴南洋弘法，所译 50 万颂佛经，对后世有一定的影响。他的游记对中国唐代的南洋情况有详实的记述，为不可多得的历史文献。

通道上，用于储藏杂物用品而非供应品和药品的。供应品和药品被放在供应室，供应室也许是在任何建筑中都有，例如在殿楼、普通精舍、平房、楼房、窟院或者是 gonīsādaka，甚至在一般信徒的房屋中也有，这样的建筑建在住所之外，也被称作储存、烹调食物的净地（kappiya-bhumi）。为了完善这些建筑的内部，允许用黑色或者红色的颜料混合来粉饰，通常红色用来刷墙，黑色用于地板。另外的装饰就被限制在如绘画、雕刻和大量的浮雕作品上，植物的图案，钉在装饰上的骨骼和号角，这些做法在后来的艺术中也时常能看到。另一个设计是 pañca-patikan 也是被允许使用的，但是它的意思不是很明确。

　　事实上，甚至在像鹿野苑、菩提伽耶、王舍城、格西亚这些重要的地点，其中有一些最早期的地方都有佛教徒，这些建筑中没有任何遗迹表明它们是孔雀王朝前期的，除了被证明它们的建筑是由易腐烂的材质建成；对于这一点有任何存在的疑问，可能就是在《毗奈耶》记载的其中特殊的部分。这些建筑包括马场、热浴室、井楼和储藏间都要高于地面，高于洪水能够触及的地方，也就是在一个高台之上，高台表面是由石头、砖块或者木头铺就，登上高台所用的楼梯也是这些材料建成的，但是显而易见的是高级建筑是混有泥土的灰泥或者涂有颜色的板条或者木材，甚至当建筑是一个很大的一个比如巴吉帝亚①法（Pācittiya Rule）

　　19 所指的住宅。从《小品》中我们了解到佛教寺院（vihāras）的佛殿墙，是混有泥土的灰泥有时是易腐烂的，雨水渗透，因此对于这些墙的认可，它的支持者要求要有力度，或者木质的护墙版，用水泥覆盖来提供进一步的保护措施。从同样的原始材料看，我们也可以了解到茅草覆盖的屋顶和

---

① 巴吉帝亚：比库学处之一，为巴利语 pàcittiya 的音译，意为令心堕落。如义注解释说："令心堕落为巴吉帝亚。"（pàteti cittan'ti pàcittiyaū）（Pv. A. 339）在《附随》中说："所谓'巴吉帝亚'者，请听如实而说：令善法堕落，违犯圣道，心处于迷妄的状态，因此如是说。"这一类学处共有九十二条。违犯的比库需向另一位比库忏罪。汉传佛教依梵语 pràya÷cittika 音译为波逸提、波夜提，意译为堕，谓犯此戒而不忏悔者必堕落地狱故。摘自《巴利语汇解》玛欣德尊者著。

天花板上的织物是向里收的，就像今天在很多的平房一样，为了防止蛇或其他的害虫从顶上掉下来。其他的建筑，例如提那大厅、马场大厅、热浴室和井楼他们的屋顶都覆盖了水泥等。混有泥土的灰泥或者涂有颜色的板条的柴房浴室里面都有砖块的护板墙。

从《毗奈耶》中了解到，因为僧伽蓝是后期的，所以当时并没有被记录。经过进一步推断我认为有关僧伽蓝的内容，可以完好的从佛经中的寺庙生活戒律提取出来仍旧还处于初期，并没有被任何较古老的教派信徒所借鉴。有些方面需要强调是，因为通常理所当然地认为修行来自印度的远古时期，但僧伽蓝的标准样式在阿育王时期就开始发展了。实际上，直到贵霜王朝时期独立的僧伽蓝，我们尤为习惯将之与佛教联系起来，使它在印度的西北出现，直到笈多王朝早期，找到了进入到印度和中印度的方法。因此，它一个有争议的问题：这种僧伽蓝是印度本土的还是外来的。无论如何，我们必须特别认真，不能做任何轻率的推断出，这些古老的房基就好像是古老的佛教建筑一样。

这些前言的标记，如今我们可以接着考虑在南部和东部的独立建筑，最早的重要遗迹在前者是在计划中的建筑第 40 号，像这个地区其他的建筑一样，也是最近才被发掘。这个庙宇的原始样式是一个拱形的支提大厅，也许是这类遗迹留存了最早的结构。最初建筑的图纸和结构包括它随后的附加物，也将会从建筑 109 和 110 的图画和照片中被了解到。最初遗迹下的建筑包括了一个矩形的石柱基底，高 11 英尺、长 87 英尺、宽 46 英尺，通过一些楼梯与东部和西部接壤。这个基座的外观没有东西可以描述，它较为先进的结构是一个倾斜的基座，但是现存的立体的石造建筑的核心是在测量的时候发现的，它组成了两个独特的墙，墙体里面有各种的碎片。外墙是矩形的，但是内墙的南端弯曲形成，与内墙相对应的拱形。石造建筑的两个墙体都相当的粗糙，很明显它们只是作为一个基础部分；但是这些建筑的图纸上遗留了倾斜形状高级的建筑结构，在这方面它与塔克西拉的大支提，Ter,Chezārla 和西印度的石窟僧伽蓝有点类似，虽然它们有明显的不同，后者在拱点的对面有一个或者多个直接的入口，在桑奇这样结构的大厅已在它较长的那边有两个入口，它的特征一方面类似，另一个是在正觉山①上的孔雀王朝神殿。

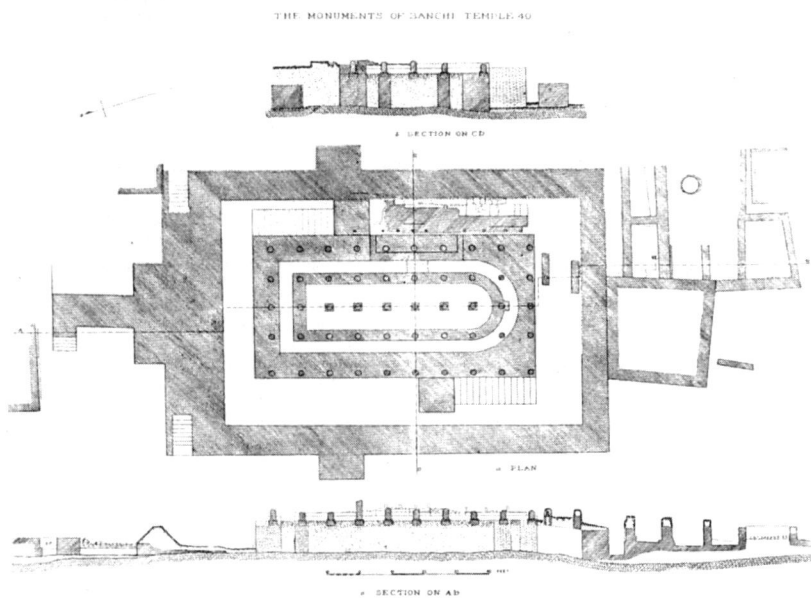

图二十四 109 建筑

① 正觉山：Barābar，正觉山位于印度菩提伽耶，山上有一个龙洞，是释迦牟尼苦行6年的地方。

图二十五 110 建筑

上层建筑主要是木质的，而且在近代时期就被焚毁了，也是没有遗迹幸存下来，除了一些在原始的捣碎的黏土地面上找到了烧焦的木材残迹。石柱的种种迹象表明最后的基座也建造在它的上面，这些石柱排成 5 排，每排 10 个，部分是新的地基，有些也是最初的地基结构。这些石柱上刻有巽伽王朝时期的婆罗米文，也可以推断原始的结构是建在孔雀王朝时期的基础之上，当阿育王塔被弗沙密多罗毁灭的时候，有可能它被一并烧毁了，它和塔重建的日期一样都是在公元前 2 世纪中期之后。

在重建的时候，最初的基座被一个竖立的后墙从四面放大了，之间的距离还是挺大的，中间是由大圆石和加工过的石头填充。这些建筑的作用是使基座的长度增加到了 137 英尺，宽度 91 英尺。同时，楼层的高度增加 1 英尺，由大的厚板构成了新的人行道，与大舍利的主要平台相似。基座被扩大的三面是北面、南面和西面都有不同程度的改造。据猜测在东边还没有被发掘的地方也有类似的改造。所有这些改造与挡土墙是同一时期的。

早期两道楼梯柱基被扩展过，但它的东边和西边已经被埋掉了，后来被新的两道楼梯占了，楼梯和北面挡墙的厚度一样。相同的楼梯也在索纳里庙宇墙的尽头被发现，也归于同一时期的重建。

我们说这个大厅八边形的石柱有 5 排，每排 10 个。这是在草图计划中显示的布置。到目前为止这 50 个石柱只是被注意到，它们的布局还没有被研究过，有很多坏掉的石柱在原地被发现。但是也有可能原本大厅石柱的数量超过五十个，在现有柱群的基础上两边或者是末端还有一排或者是多排。确实，第一眼看起来感觉就应该如此；在建筑周围的残骸上发现了大量其他毁掉的与原地上非常相似的基座，很自然的推论它原本的位置就是在那些扩建的柱基上，当后来上层的防护墙倒塌的时候，带倒了墙后面大概 6 英尺甚至更多的建筑填充物。这个推论虽然不是百分之百可信的，自从每个轴都无一例外的倒塌，大部分的碎片都只有 3 到 4 英寸长。因此，实际上我们在碎片上发现的这些可能是原石柱的上层部分，看起来很粗糙的基底，实际上不是别的，只不过是未完成的轴的顶部。一切都考虑在内，虽然好像第一个推断更正确，计划之中原本应该还有更多的柱子，这方面的证据还不能得出决定性的结论，只是可能的假设。

从这个设计中读者会看到大部分的柱子都在原始的基础墙上建造的，但是无论它们是不是建在老墙上，在它们下面都有特别的地基，用厚度不一的石板铺就，一个在另一个上面且之间用泥土和小的石头填补。这些基础的顶端与大舍利塔地面栏杆的基础有相似的特点，与更古老的拱形大厅地面是一样的粗糙，但是到石柱竖立起来的时候，地面高出了一英寸，这些柱子的基础被埋在了两层之间碎片的深处。

包括大的八角形柱子，在同一时期也发现了大量小的柱子：底下方形上面是八角形，在柱身上有用婆罗米文雕刻的捐赠者的题记。这些柱子与人行道上的混凝土路面和石造基底一样，源自桑奇山脉带有地方性的棕紫色或者灰色的石头，有九英尺宽，7 英尺高（不包括未经加工的底部）。其中有一些沿着旧石柱的东边排成一排，但是这个位置并非它们起初占领的那个；至于柱身被装饰过的外观证明在挖掘过程中，为了扩大一些早期泥土层的距离，更重要的是破碎的大八角形柱子被发现建在了它们的地基之上，证明它们直到更大的柱子倒塌之前并没有被建在此处。它们最初的位置并不能被推测出来。也许是它们打算在大厅主体的周围建造一个走廊，或者也许他们在南边已经拥有了一个附属的结构。不管它在哪里，它们未经加工的底部在地面上，并非是在高的楼层上。

　　柱形的大厅是否曾被完成我们并不得知。从八角形柱子之间的距离判断，很有可能最初的计划框梁是石质的而非木质的；但是如果真是这样的话，那它们就不可能被建造。因为在框梁、遗迹，其他建筑外观包括石柱的碎片中没有痕迹可寻。因此，如果建筑未被完成，整个高级建筑包括柱子也一定是木质的，很多锡兰①早期的大厦也是一样的。在之后的七八世纪，基底的东面建造了面向西边的门和神龛，很有可能这一时期更小的方形石柱在上面提到过的地点被设立。这个神殿的门廊有三个梯子，在平面图上可以被看到是直接穿过原始拱形大厅东边的通道，在它们前面的石柱底部已经被切短到与地面水平了，这样就不会介入到入口。门廊本身也有一个内部的尺度，从南到北是 24 英尺，从东到西 9 英尺。在它下方有一些神殿墙的遗迹。另一个问题是这个柱形的大厅是怎么被无情毁坏的。不能说它是完全的被故意毁坏文物的行为所致。在弗沙密多罗统治时期，这个大厅毫无疑问地被保存完好直到中古时期，不久之后这个大厅被毁坏，没有任何证据表明，桑奇的遗迹曾被如此粗暴的虐待，也无法想象这个遗迹被单独挑选出来破坏，可能又被火烧过。如果高级的建筑主要是木质的，那么大火的强度和热度足够把柱子烧成碎片，但是在那样的情况下，我们可以在烧成石灰的石头表面发现有明显的焚毁痕迹。不可思议的是时间没有办法解答这个问题。

　　至于建造这个大厦的目的，毫无疑问当改成柱形的大厅的时候，它是设计作为窟室使用的，一种我们有见过的——在孔雀王朝前期用来给僧侣和参观住宿者休憩的地方。虽然在那时窟室只不过是一个茅草覆盖的木质

---

① 锡兰：印度以南一岛国，现已更名为斯里兰卡 Srilanka。

小凉亭。直到苏噶（Śuṅgas）发展出用来做仪式的地方，就像伍波萨他①一样，虽然这个没有确切的证明。原始拱形建筑的目的有很大的问题，它可以追溯到我们所知的孔雀王朝时期，当很多大的舍利塔，包括了被阿育王君主建立的圣尊的舍利子，但是此时舍利子的罂坛却没有包括在内。因此这个建筑显然就没有圆形的拱点，里面也就不会存在圆形的舍利塔。虽然它可能拥有一些别的祭祀佛祖的东西，我们只能猜测了。另一方面，这些拱形的佛教大厅就算不是很多但也会被婆罗门或者是一些其他的教派占领，如现在的林迦或者其他的一些类似的崇拜对象也导致了拱形变圆，虽然半圆的形状被保留了下来，但这些东西存在的目的也在后来的复制中消失了。但是，拱点就可能是因为舍利塔的形状后来被遗弃了。

在旧时的半圆建筑和后来的柱形窟室的碎片之中，我们在 PL104 中发现残缺的石像。显然，当阿育王的舍利塔被毁坏的时候它也同样遭此厄运，因此很清楚的是它要不就属于孔雀王朝时期，要不就是孔雀王朝前期的。作为一件艺术品，它没有什么特别的地方，但是很有趣的，主要归功于它的与众不同以及它的年代。

另一个在南方的早期建筑图纸上的编号 8。它有一个方形基底矗立在北边，高出岩石地面 12 英尺；在它前面东边的中间位置有一个突出的斜坡，在斜坡的底部有几个梯子，剩下的台阶，包括基础的门廊都已经被破坏。高级的柱子是石造建筑与上面描述的僧伽蓝 40 号相似，但是这个柱子的整个核心都填满了结实又粗糙的卵石，没有内墙。在这个核心的中间吉尼·坎宁汉姆打下去一个很深的探洞发现其中只填满了石头，没有发现这个建筑的草图，那么这就是一个早期的舍利塔了。在这个建筑被建造的时候，在舍利塔还没有出现方形底座，也没有理由去认为这个舍利塔是个例外。这个柱子就好像是在早期佛教文学中描述的 caya 一样，木质高级建

---

① 伍波萨他：（Uposatha）：巴利语 uposatha 的音译。该词源于梵语 upavasatha。若从词源学的角度来分析，upavasatha 由 upa（近，随）+vas（住）+atha 组成，直译为"近住"，即在特定的日子里持斋戒的意思。

筑的样式是什么、它的目的是用来做什么的我们不得而知。可以知道的是，有高级的、壮观柱子的建筑一定是很重要的，在那个时候几乎不可能被用来住宿、做饭，或者用作其他类似的目的。从楼梯南边的斜坡和东边的平台所形成的夹角看去，有一个用墙围起来的长方形区域，从工艺上来看是修建于中世纪的。

在南边发掘出的遗迹，就是这三个僧伽蓝 36、37、38 号。它们的结构大体相同，但是很小，设计上和上文中提到过的那种设备齐全的僧伽蓝一样，在印度西北部贵霜王朝开始流行。他们有一个方形的院子，四面被小房间围绕，柱子支起的走廊绕着院子，在中间有一个突起的平台，在两边，有一个附加的小屋在外面。入口从中室的一边穿过并且在外边两侧有两座塔。高处的楼层结构可能由木材或者泥土构成，低处的楼层结构可能是干砌石墙。所有的这些僧伽蓝属于中古时期，僧伽蓝 36 号与遗址的中心很靠近，是这三个僧伽蓝中是最早的，紧接着是 38 号，最后是 39 号。僧伽蓝 36 号，它的石造建筑粗糙且被随意地放置。在院子中间方形的平台覆盖着混合的、大概三英寸厚的砖石和石灰层。平台的外沿周围有一面矮墙，曾经是游廊立柱的所在地。通向楼上的楼梯在西北角落，但是只有一个梯子，被行人踩了很多的脚印，现在已被封起。院子的水从地下刻有石头标记的排水系统排出，在西南角落的走廊下方经过。这个僧伽蓝的入口开在东边，在它前面是一个混合建筑，大部分的墙都是可追溯的。

僧伽蓝 37 号的设计比 36 号更宽敞、发达，且放置的更匀称更好，它可能是 7 世纪的。与同时期的方形舍利塔一样，墙的外面有墙基。入口是方形的厚石板，目的并不清楚。在院子里平台的拐角处建有四个方形的石块，用来牢固石造建筑和保护走廊的柱子。在南边和西边小屋后面的房间是不寻常的，但建造目的还不确定。

僧伽蓝 38 号不比僧伽蓝 36 号晚多久，它是由单一粗糙的石材建成的。显然地在这个位置上有更早的建筑，其中有一些地基的石头依旧幸存了下来，北边中间的小屋有一堵砖砌成的墙，是后加的，上面的砖是从一些更老的建筑上拆下来的。在僧伽蓝里，院子中间没有突起的月台，有一个方形的洼地，像罗马的天井前厅，在周围突起的走廊。上楼的楼梯在西南拐角处。这个建筑的地板没有被挖掘出来，但是可以推测像僧伽蓝 36、37 一样，它也有一个混合区域，自从僧伽蓝的入口在那个区域后，后者便占领了地面。

在这个地区最后在图纸上被注意到的建筑是僧伽蓝 42 号，位于僧伽蓝 40 号的北边，大概有 6 英尺高，到目前为止它已经被挖掘出来的是一个在某种程度上与僧伽蓝 44 号相似的神殿。

第六章　东部区域

　　现在，我们从南部区域转向东部高台上的寺庙和45号神殿（插图
Pls.116–120）。这个寺庙的年代可以追溯到十或十一世纪，因此，它也是
那个地方最为近代的建筑之一了。然而，在此之前的几个世纪，另一个前
部带有开阔四方院，包含一系列僧房，房屋围绕的3个圣殿的寺庙就建在
了此地。这些早期的遗迹比后期的低一个水平线，并且也容易区分于后期
（插图Pl.119a）。属于后期遗迹的是，坐落在四方院东边的前部带有一个
平台和南北两侧伴有走廊和房屋的寺庙，属于早期遗迹的坐落在四方院北
边、南边和西边的一系列房屋，院子中有3个分离舍利塔的底座，以及在
房屋前用于划分走廊界限的低矮镶边石。

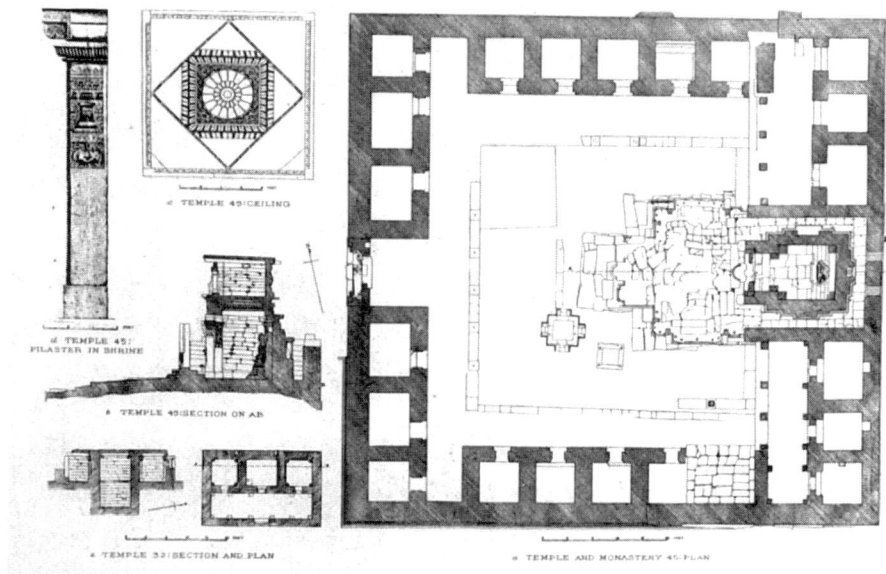

图二十五 45 号神庙平面图

　　早期寺院的房屋是用当时十分流行的小而平整的干砌石建造的，它的基础足足建于底石 9 英尺之上。通向角落房屋的通道，不是通常情况下房屋间的毗邻道，而是一个开阔的位于两房之间的通道，同时，还有另一条连接入口是通向四方院的通道。房屋前的走廊约 8 英尺宽，高于剩余场地约 8 英寸，同时被镶边石与场地分隔而开。镶边石被作为走廊石柱基础的方形石块有规律地间隔而开。后者的一个样式被重建在了四方院东南角的原始位置（Pls.117b），有 6 英尺 9 英寸高，角被修整成了八边形，柱身部分是方形的。早期院落的石砌路面是由大量外形不规则和大小不一沉而重的石板铺就而成，大约在后期院落石道下面 2 英尺 6 英寸的地方。在院落里有 3 个小舍利塔，其中 2 个在后期建筑物建造之前就已经毁坏了；第 3 个位于西南角阶梯处的小舍利塔，看起来就像是为了给后来寺庙的修建让路故意被拆建的。现在，它有 2 英尺 1 英寸高，其形状是我们熟悉的十字形，并且在四个方向的每个面上都有壁龛，其中的雕像毋庸置疑是后来安置的。作为遗迹的早期寺庙本身，以及位于院落东边毗邻的房屋都完全被埋于后

101

期建筑物之下，明显可以看出，尽管早期的平台比后者小，但其设计是相同的。

正如此地很多其他的建筑一样，这个早期寺庙仿佛是被烧毁而存留于此的。我们从院落地层发现了大量已碳化的遗迹，从其上方已积累成型的泥土可以看出烧毁的痕迹。同时也说明，当佛教徒们打算开始重建它的时候，他们第一步就是要尽可能将所有的残片和石块以及古老的结构清理掉。但是，无论是出于宗教或者其他动机，他们更倾向于平整旧的遗迹，在其上面铺上一层约 2 英尺 6 英寸的通道，并在院落的东边完全地重建神殿和毗邻的房屋。同时，他们修复和更新了四方院另外三边的僧房，建起了约 5 到 6 英尺的墙壁和屋檐，以及在其前面建了一个同样高度的走廊，因此，这样的建筑把新院落就抬高了约 3 英尺（Pl.118a）。

后期寺庙的设计在 Pls.116、117 和 118 都写得很清楚了，它是一个带小罂坛的方形密室（garbha-griha），并冠以空洞的螺旋塔尖或者塔状室顶，但其上部已经毁掉。寺庙建在了沿着西面楼梯上平台的后面，同时，环绕它的 3 边铺上了高墙围成的行径小道（供绕行叩拜的内转径道）。和大都此时期的寺庙一样，它是由大量石块粗糙松散地砌在一起，但外表面被很好地修整过。毋庸置疑的是，建筑所用的材料很多都是来自与其他早期建筑使用的材料同样的地方，其建筑结构，大部分的装饰雕刻都是中世纪风格的，且很明显是专门用于完成此寺庙的。这些雕刻包括入口的门侧板、密室的天花板、外墙壁龛里的雕像以及螺旋塔尖和环绕平台表面的装饰工艺。另一方面，属于早期密室里的角壁柱、密室的设计都是方形的，从西向东、自南到北约 11 英尺 5 英寸长、16 英尺 8 英寸高。位于角落的壁柱上半部分的两面都装饰着丰富的宝瓶和叶子形状的图案而成的天福之面（kīrtimukha）头部，同时，由带有一排棕叶饰的植物似装饰物在其拱形之上（Pl.116d）。柱顶是呈线脚和凹槽的，并伴有一个装饰着惯用花环设计的窄窄的柱颈。在它们的上面是简单的印度托架结构。壁柱的雕刻风格，与瓜廖尔的"蜜月庙"寺庙的早期雕刻高度相似，从而表明它们是 8

到 9 世纪的工艺，因此，明显证明它们最初不是为此寺庙设计的。从它们内边缘粗糙的凿槽也能得出此结论，同时，也证明了它们在其原来的地方肯定是被部分用于建墙石工的。密室（Pl.116c）的天花板是按照通常渐小方形的原则建造的，它被壁柱印度支架上的柱顶过梁支撑着，同时每一面墙的中间协同支架也支撑着它。在这些支架中，值得注意的是那个在后墙的未建成的支架，同时，需要注意的是在其之上被切掉大约 2 英尺空间的过梁，这看起来就是在为其前面的物体留出空间。可以安全地推断出，这个物体就是佛祖宗教形象的光环物，尽管这个图像现在是否出现在神龛上，曾经是否出现在更高的柱体上，或者它是被后来取代的更高的图像，这些都是可以质疑的。但现存的图像并不适合于其坐落的基底，也不是为其设计的，而且它也不是故意建在后墙和半隐藏的装饰壁柱上，尽管这是必要的支撑物。这个图像是莲花宝座上佛祖的"降魔"的触地势（触地印）的代表，其下还第二个狮子宝座，但是，此图案是属于较古老雕像的。沿着较低一排莲花的叶子上刻着佛教教义，是 9 至 10 世纪的。狮子宝座的中心是两个残缺的形象，其中一个倚背俯卧在地，另一个以胜利的姿势站立着。在埃洛拉石窟（印度中南部村庄）11 号洞穴的佛祖雕像宝座前也发现了同样的雕像，它可以追溯到 7 世纪。我们认为它们是佛祖在菩提树下战胜魔王军队胜利的象征。这个雕像，包括基底在内有 10 英尺 0.5 英寸高，都是由后来经常用于雕刻的条纹清晰的紫棕色当地砂岩组成的，表面是半抛光的且覆盖着人造红漆，其下也是早期 Nāgourī 石头的基底。

与密室壁柱不同的是，前罌坛①的两个壁柱简单地装饰着未完成的图案，位于北边的一个在其移动到现在位置的时候被断开了，因此，根据现存的遗迹可以看出这些建筑在当初就没有完成。入口门道上的雕刻都是十分丰富和精心设计的（Pl.118b）。门槛中间是一个发着枝牙的莲花，花上落着一只小鸟，莲花每边是一个"天福之面"头型；接着是端着花瓶的小

---

① 前罌坛：佛骨舍利在佛教发祥地天竺是用罌坛盛放。

人物和常见的狮子，在角落里，是一个坐立的散脂大将①和玛尼钵陀罗②很多左侧柱和上面的过梁大多都跌落了，但是右边的过梁几乎还是完整的。在外部的带子上是一个站立在树下、头上是蔓藤花纹女人形象。围成边界的是四个垂直的带子，并在其基础上有四个形象。其中，主要的形象就是亚穆纳③和她脚下的车辆以及乌龟。在她后面是一个举着遮阳伞的女侍者，她们中间是一个小一点的人物，可能是一个小孩子，同时在亚穆纳右脚的边的角落里也坐着一个小人物。亚穆纳头上是一个残缺的那伽，她侍者的头上是一枝莲花，支撑施触地势佛陀的小形象。在垂直带的上方，最里面的部分覆盖着一个卷轴的图案；紧接着的是一个侏儒恶魔④托起，神狮和骑手站在大象上；第三个也是由一个侏儒支撑的，被分成了三个板块，每个板块都有一个男人和两个女人形象的性爱场景；第四个就是一个被装饰的壁柱形状。就目前所保存的侧柱来看，左侧柱的装饰和右侧的几乎一样，唯一的不同之处就是恒河女神（印度恒河）以及她的车辆和鳄鱼取代了亚穆纳。

图二十六 118a-b

---

① 散脂大将：Pancika，又译作散脂修摩。意为"密神"，又名"夜叉大将"、"药叉大将"。是北方毗沙门天王的八大将之一。

② 玛尼钵陀罗：Manibhadra，财神俱毗罗（Kubera）的兄弟。为一夜乞叉（Yaksa）形象。

③ 亚穆纳：Yamuna，在印度北部的 Jumna river 亚穆纳河。

④ 侏儒恶魔：鸠盘茶 Kumbhanda，意译"瓮形鬼"、"冬瓜鬼"，因其形如瓮，或说其阴囊大如冬瓜，一说名厌媚鬼、食人精气鬼，即三十六鬼中之食人精气鬼，为南方多闻天王所统。

除了南面、东面和北面的正中各有一个佛龛之外，外墙的其他地方非常平整。三个壁龛中，在南面壁龛里的是一位神，或是孔雀明王①，坐在莲花座上，左手手持一个莲花茎，其身下是他的坐骑孔雀②，同时伴有一个女侍者在另一边。位于西面壁龛里的是一个静坐冥想（禅定手势）的佛祖形象，他坐在由两只狮子支撑的莲花宝座上，两边各有一个左手手持莲花茎、右手手持掸子的侍者。这些形象是由紫棕色的石头雕刻，并和圣所（garha-griha 寺庙或教堂的）里的雕像是一样的风格。另一个北面的壁龛是空的。庙宇墙的一些石块上刻着很多名字（可能是工匠们雕刻的），其中的一些石块如今都乱七八糟的，因此证明了这些 10 世纪文字的书写是在庙宇建造之前就刻在上面的。

此庙宇的塔状室顶，是北方印度寺庙建筑风格的标志。它的顶部是大量传统形式的阿摩洛迦③和贤瓶④，他们支离破碎地散落在寺庙的西北部（Pl.119e）；在碎片中找到的其他大量的残片清晰地说明，外表面交替重复使用阿摩洛迦和支提图案进行装（Pl.119f）；但是，如果没有那些碎片，根本没有可能去确定原始建筑的高度。所有现存的塔状室顶，都是位于圣所顶上一个空的罳坛，在其前面有一个小门廊的遗迹，残余部分延伸到了前罳坛的顶部（Pl.117b）。寺庙的里里外外都没有进入这个罳坛的通道，因此可能会觉得罳坛和门廊没有实际作用。然而，罳坛是有特别目的的，它起到了一个引领作用，同时门廊也起到了很好的装饰作用。

在环绕供绕行叩拜的内转经道的外墙上是两个比例协调的窗子，其中有厚约 3 英尺常见的交叉压条式的镂空石屏。石屏的里外表面都装饰着圆花饰和花型浮雕，且都围在一个传统的莲花叶型之中。

---

① 孔雀明王：梵名 Mayūravidhyārāja 汉译有摩诃摩瑜利罗阇、佛母大孔雀明王等。

② 孔雀：vāhana 伐诃纳，印度教神话中神灵的坐骑或乘坐工具。

③ 阿摩洛迦：庵摩罗果，梵文 āmalaka，一种印度果实的名字。音译阿摩洛迦或庵摩洛迦。

④ 贤瓶：kalasa，古代印度称之为迦罗奢 Kalasa，"贤"为"善"之意，所以贤瓶也称为善瓶，又名军持，一种盛水器。僧众十八物之一，是佛教僧侣用以饮水或净手的器皿。

在寺庙（Pl.119a）前的平台铺着的是从早期建筑物上取来的，其中有大量的属于舍利塔3的碎石柱和交叉扶手。这些铺路石都被铁钳固定在一起。平台的垂直面装饰着壁龛，并且平面有各种凸起和凹槽，还有很深的平做平浇工艺，由此而制造出了一种"遮娄其建筑（Chalukyan architecture）"或"卡纳塔卡 达罗毗荼建筑（Karnata Dravida architecture）中的交叉光影的效果。壁龛中有一个或多个形象——有时是当时模式化的传统性爱形象（Pl.119b 和 c）。同样传统的是在壁龛上面的装饰物，模仿屋顶和莲花以及在水平模制上的其他花形图案。

寺庙的南面和北面是两排侧翼，每一排有 3 个小屋，并伴有一个走廊在其前面。在最靠近寺庙的两个房间的门梁上刻着与寺庙本身门道十分相似的雕刻。但是，跨梁的时代较晚，并且风格完全不同（Pl.120a 和 b）。表面上看起来，寺庙和侧翼的建筑肯定是被突然中止过的，而且很多年之后才再建是因为什么就不得而知了。

在建造这些侧翼的走廊过程中，使用了很多同一地点的属于早期石工的石柱，有意思的是，这些石柱上的雕刻是未被完成的，并且为了使石柱适合于新的位置随后还被去掉了柱头。这些雕刻是由壶型和叶型的基底以及柱子组成，还有 3 个吉尔蒂穆克（天福之面）的头在方形带之间。它们与密室角落的壁柱一样，属于同一种风格，同时也是由此地的早期石料而建。在南面走廊的是一尊施触地印的坐佛，明显是与密室雕像属于同一时期和同样的石制（Pl.120d）。但最初这个雕像位于哪里，却不明了。

以上所描写的寺庙南面是第 44 号建筑物，它可能是和第 45 号寺庙建于同一时期，从其地基的布置，还有一个不平常的小神祠就可以看出来，它的石匠工艺是典型的中世纪后期的。不幸的是，东面的墙被埋在了环绕墙的下面，但是，这是符合设计的。它是由一个横跨整个建筑物宽度的前罌坛和在其之后的存有石道残余物的矩形大厅组成的，中间看起来曾经有一座舍利塔。大厅两边的基底仿佛表明了有一排的小罌坛建在其上面，但是那些罌坛让僧人们来居住的话就太小了，同时，如果那些基底真的是代表了上层建筑的设计，我们肯定可以推断出这些房屋是用于收藏形象的，如在犍陀罗（古印度王国）小神殿和耆那教的寺庙里。此建筑矗立在石头柱基上，4 英尺高，在西边中间有一组楼梯可以上去。它的墙壁是由粗糙的碎石砌成的，墙的表面由当地的切割良好的小方块石堆砌，同时，在外面还有紧接上面柱基的底脚。在矩形大厅里有三个紫棕色石组成的形象——两个是禅定样式的佛像，第三个是西式坐姿的弥勒佛。

另一个精心设计的建筑物紧邻在第 45 号寺庙前广场的北面和西面。它直到第 45 号寺庙重建之后才被建立，同时，它也几乎不可能归结于早于 11 世纪的某个日期。正如设计（Pl.121a）所见，它有两个庙宇的天井，被尊称为 46 和 47 号，其中较大的一个，在其三面遍布了走廊和罍坛，从南到北约 103 英尺，从东到西 78 英尺。在此天井的南面，是一个柱形的走廊，其背面带有一个小房间和长而窄的罍坛；西面是一个封闭的走廊，北面是柱形走廊（Pls.117 和 122a），在其西面末端伴有前室和一个内室的神祠，其后面是一个小走廊和五间房间。此神祠中的密室是一个雕像基座，大约 4 英尺 9 英寸长，2 英尺 2 英寸宽，7 英寸高。通向此天井的主要通道位于西面走廊的北末端，第二条通道则是始于北面走廊西末端通向 46 号小天井的两个楼梯，同样，小天井处在一个高一点水平面上，如大天井一样，在 3 面都有罍坛。这个寺院仍旧处于一个相对完好的保存状态，屋顶和很多石柱都还比较完整。大部分的墙壁都是由平整和规则的石头建造的，但是，北面的走廊和罍坛以及一些小天井的内墙很明显的水准要差一些，看起来很有可能是后来的添加物。位于走廊和房间的圆柱和壁柱都被简单地装饰，有的只是简单修边而已。它们安置在简单方形的地基上，柱顶是普通的印度支架结构。平坦的屋顶由 4 到 7 英寸厚的石板组成，放置在平整的立方体过梁上，毋庸置疑的是，曾经屋顶上覆盖着一层泥土或者石灰泥。整个寺院的石头工艺都很粗糙，唯一的对于装饰性雕刻的努力则是用在了那些支架柱顶，简单绲边的表面，以及装饰着莲花叶形边、通向北面走廊通道的侧柱。很有可能的是，石柱和墙壁都是打算被覆盖上一层灰泥的，但是，在失去线索的情况下，看起来这个意图是未曾被付诸实践的。

大小两个院子的四边都铺上了大量石板，这些石板有 4 到 8 英寸厚，而且比最早舍利塔和 40 号寺庙的石板都重很多。在较大天井的通道下面发现了不计其数的早期建筑的碎片，包括一个公元 320～540 年统治印度北部的笈多王朝风格的纵栏。在更深一点的地方，也就是大约通道下面 3 英尺是一个早期建筑物的石地层；接着，更深的 9 英寸是第二层 kachcha 地层；第三层混凝土的地层就在第二层之下 2 英尺 3 英寸。这些地层都是属于早期修道院的，但是，因为最底层的地层没有笈多王朝古老，看起来就不值得继续挖掘了。需要外加注意的一点则是，所有的墙壁，大部分的屋顶石板和通道石板都是当地的紫棕色石头，然而，石柱、柱顶过梁、井栏石和其他的通道石板却是 Nāgourī 灰石。

位于 49 和 50 号建筑物背部的高达 7 英尺的长长的边界墙，正紧邻着 47 号修道院的西北角，它仿佛比后者更古老，这是因为修道院的西墙建在了它上面。虽建成 7 英尺高，却是比较松散的石头堆砌。后来，在它西边，靠近北面末端的地方建起了一个仅存立起底座（49 号建筑）的小建筑物。另一个在设计图（Pl.2）中标为 50 号也是后期修建的建筑物，它的修建使边界墙的部分毁灭成了必须。所有现存的此建筑的遗留物，则是一些石头走道、墙壁和纵向栏底部，但是，这些足以表明这是一个修道院，更重要的是它可以追溯到与 47 号修道院的同一时期。在其辖区内，显然处于其院落中间位置的一个院子，则是 32 号建筑。这个建筑大约高于地面 8 英尺，由 3 个前面带有一个前罂坛和中房下设地窖的小房间组成，并可以追溯到中世纪后期。在前罂坛的东边设有通道，同时这还有另一条相反的通向中心罂坛的通道，但让人感到好奇的是，边上的罂坛仅仅有窗户，任何人想通过都必须攀爬。39 号建筑由北到南 39 英尺 6 英寸长，由东到西 19 英尺 10 英寸宽。与后期的 45 号寺庙的外墙和走廊一样，它也是表面由大块的 Nagouri 石头堆砌，屋顶由厚石板组成且坐于立方体的柱顶过梁之上，反过来，过梁又被来自墙壁的托臂支架支撑而起。在中心罂坛里有六个这样的支架：四个在角落，两个在边墙；但在边罂坛里只有四个且都在角落，它们由呈方形柱顶的壁柱支撑着。

最后一个在桑奇建立的丰碑就是 43 号建筑，它一部分坐落在东面平台的高地上，一部分坐落在朝向南面的低地上（Pl.122b，背景）。在设计上，此建筑与白沙瓦 (Peshawar) 的迦腻色伽（Kanishka）舍利塔相似，呈十字形结构，四个角上都有一个圆的棱堡；但是，由于缺少很多其上层建筑的遗留物，它是否曾经是舍利塔的底部仍然是存在疑问的。如它所建那样，一个被矮护墙环绕的抬高场地，伴随着随处可见的可能是后来作为添加物的低墙的踪迹，按理说来，是被设计所遗漏的。这个院落的环绕围墙以及其棱堡几乎都不到 4 英尺 6 英寸厚，而且都是由大量大小不一的方块石而建，其中一些是来自 10 世纪或 11 世纪可拆的建筑物，但是，因为这些特别的石块仅仅是用于修建墙的顶部，它被相对地较晚的修复就成为可能。在南面，墙的高度有 8 到 10 英尺，同时，基础也减低了 4 或 5 英尺；但在北面，地面相对要高的地方，基础变得相当浅，而且墙壁本身也不到 3 英尺高。

图二十七 122a-b

按 Pl.2 的设计图所示，在屋子北面有天井的房间遗迹中，遗留物几乎都是在大建筑的中心。这些遗迹被暴露在了院落地面之下的一个下沉的沟渠里，同时，它们属于大约建于七八世纪的此地的修道院。这个修道院的地层在目前院落地面之下 12 英尺，同时，它的由普通干砌石修建的墙壁约有 6 到 7 英尺的高度。以至于它们目前表面的顶部只有 5 或 6 英尺。除了这个院落中部的挖掘之外，方尖塔也沉没在西南河西北的堡垒处。在前者下面，已经考究，发现了一部分围绕大舍利塔的巽伽王朝时期的古老铺路石。在后者的基底和其表面之下的 14 英尺之处，找到了一个倒扣在石板之上的大陶器罐，但是，这个罐子是否与堡垒有什么关系就不太清楚了。

第七章 二号舍利塔及其相邻的遗迹

第二舍利塔和邻近遗迹在大舍利塔后面，在某种程度上，也是桑奇最重要的丰碑了，它矗立在距离山边西面斜坡大约 350 码的小平台上。平台是由人工建造的，其加固墙大约有 37 码长，11 英尺高，南面的长 38 码，北面的长 20 码。此舍利塔的建筑位置是极具意义的，因为在那个时候，在山上还有一片未被占领的广阔区域，除此之外，初次看到也不会想到在建造小平台的时候会有如此多的麻烦。这个答案可以在第二舍利塔所珍藏的舍利中找到。如我们所见的桑奇大塔，是为了供奉释迦牟尼佛陀的舍利子而建造，而其两个主要门徒舍利弗和目犍连的舍利子保存在和佛陀同样等级的略显简朴的丰碑中。如印度阿格拉的大理石泰姬陵的建筑方式，就是把忠贞侍女们的坟墓安置在莫卧尔王王妃陵墓周围，仿佛她们生死都在伺候王妃一样。这里有一点小疑问：此时期在同一平台上的另两个舍利塔，即第四和第六舍利塔，佛祖的其他陪伴物。虽然，用我们现在的眼光看，第二舍利塔是在舍利塔建立之前少于一个世纪的时候为了保存阿育王时期的 10 个高僧舍利而建的，同时，无论他们曾取得什么样的成就以及有什么样的名声，这儿显然肯定有一个物体来埋葬佛祖和他的门徒的遗骸。就建筑结构、设计以及尺寸而言，第二舍利塔（Pls.71-73）几乎就是第三舍利塔的复制品，其主要的区别就是地面扶手栏杆的装饰物。除了行径小道和闭合的栏杆外，它的直径是 47 英尺，它的高度，到圆顶的高度是 29 英尺，到宝伞的顶部是 37 英尺。在四个象限环绕的地面扶手中，一共有 88 个石柱，其中 3 个扇形区域的是现代修复的。在 Pl.72a 上给出了一张栏杆的正面和截面草图，在 Pls.74–91 上给出了一张装饰栏杆的浮雕的整体图。正是这些浮雕造就了栏杆的价值，使其成为仅次于佛教的印度艺术史中显眼的地标。其描绘的形象大体上和大舍利塔通道上的一样。其中，关于佛陀生平的四件大事是比较显著的：树下诞生、悟道成佛、初转法轮、双林入灭。每一件事都有其特殊的符号：莲花，天竺菩提树，法轮和舍利塔①。接着描绘的是我们熟悉的龙天眷属②，夜叉和夜魔、龙王。一群真实的或寓言中的动物，有时有骑手，有时没有，就如那些装饰在大舍利塔通道上的柱顶一样：大象、公牛、骏马、鹿、翼狮、鱼龙和狮鹫，以及其他神兽，同样，也有一些通道上没有的，如马头鱼尾人或载着女人的人马构成，其起源仿佛是在西亚而不是印度的形象。在植物中，佛家最喜欢的是莲花——生死的魔法符号和凡人慷慨物的赠予者——时而素洁，时而繁丽；在鸟类中，最殊胜的是孔雀、白鹅；除了以上提到的佛教象征的标志物之外，还有三宝又称为三皈依（triratna）、足印（nandipada）和室利靺瑳（卍（wàn），佛教名词，古印度宗教的吉祥标记。梵文音“室利靺瑳”。佛教中以“卍”为佛陀“三十二相”之一。）和冠有狮子或大象的石柱。蒙斯·富榭尔在第三部分对这些标志性的浮雕所含的肖像学和象征主义做出了充分的讨论，它们在早期印度艺术上所占地位将在第二部分有所交代。同时，就他们的风格而言必须要提及的便是他们展示了真正的古印度艺术的本土特征，其基调是引人注意的，古朴的鲜活形象，组合着一个不太突出的装饰性设计。这些浮雕的时代，就其风格，在其上镌刻的古文字里有所暗示，可以定位在公元前 2 世纪的最后 25 年。一个世纪或更久之后，一些更加成熟的艺术风格添加在了早期的建筑上，使得

---

① 译者注：佛陀诞生以莲花为象征，悟道以菩提树为象征，初次布道以法轮为象征，入灭以舍利塔为象征。

② 译者注：龙天眷属包括伉俪夜叉、九头龙王、凡间动物、奇幻神兽。

在公元前 1 世纪，中印度雕刻艺术迅猛发展。Pls78 和 79 以及石柱 22a 和 27a 和 b 属于阶梯，护堤和楯栏的小一点的栏杆与第三舍利塔的特征很相似，它们的形式和构造都无须深入讨论。但是表面的小细节却值得关注。楼梯上下端的栏杆支柱是一个例外，它被装饰的相当细致，楼道栏杆的直立部分内外表面都被削减，而都装饰着一个完整的和两个半盘的变体图像（Pl.72b）。在地面栏杆的内表面也发现了同样的玫瑰花结。但是，其外表面则是进一步在两个圆盘间装饰着较窄的垂直雕刻带，或者，在角落柱体有着更精致的设计。另一方面，台坎上的栏杆很少有平整的圆盘在其内表面上，而且其中心的那一个有时是被省略掉的。外表面的圆盘刻着莲花以及其他花纹或动物图案，如狮子、公牛、大象（Pl.72c）。球顶藏设圣骨的四方体 (又称宝匣) 栏杆的顶部是浓缩的，只在其内表面有一排开的莲花。第三舍利塔顶部同样是装饰在其外表面的，不是内表面。 此舍利塔是由约翰逊上校第一个打开也使其一半损毁，虽然吉尼·坎宁汉姆（Gen. Cunningham）对其进行了保护，并在 1851 年继续挖掘而发现了舍利子，不幸的是，同样完全破坏了圆顶。装着舍利子的内室不是在建筑的中心，而是在靠西方 2 英尺处，在平台之上约 7 英尺的地方。舍利子的盒子是灰白砂石的，11 英尺长 9.5 英尺宽，同样的高度，包含盖子。它含有四个小的滑石骨灰盒，每一个里面都装着人骨的残片。在舍利盒的边上刻着早期婆罗米文（印度最古老的文字），意为它装着 "所有的导师包括迦叶波哥达（Kāsapagota）和瓦奇·须维贾耶达（Vāchi–Suvijayita"）的舍利子。在四个滑石骨灰盒上刻着其他十个圣人的名字，他们的舍利子就在其中，据说他们中的一些曾参加过阿育王召开的第三次佛教集结会议，而其他的则是被派遣去喜马拉雅山脉传道教义后来定居的人。这十个圣人是： "全喜马拉亚人的老师迦叶波哥达（Kasapagota）、摩诘摩（Majhima）、哈利基波达（Harikiputa）、瓦奇·须维贾耶达（Vacchi – Suvijayata）、摩诃瓦那耶（Mahavanaya）、阿波格罗（Apagira）、柯地尼波达（Kodiniputa）、柯悉基波达（Kosikiputa）、哥蒂波达（Gotiputa）、摩格里波达（Mo –

galiputa）。"他们中的最后一个是被吉尼·坎宁汉姆和 Geiger 确认的，认为是目犍连子帝须（Moggaliputta-tissa）或优波笈多（UpaGupta），他是巴连弗邑第三次委员会的主席和《论事》(Kathāvatthu)的作者。（这一部《论事》是在第三次结集的时候由目犍连子帝须（Moggaliputta-tissa）所造的，在此书中陈述了导致委员会掌权的影响，但是马君达尔先生明确地指出这个指认是几乎不能站住脚的，因为 Mogaliputa 摩格里波达（Mo－galiputa）是哥蒂波达（Gotiputa）的学生，反过来他又是妙声（Dudhubisara）的子嗣，同时后者被确定是和《岛史》中提到的妙声一起，作为第三委员会会议闭幕之后被优波笈多派往喜马拉雅山脉的五个大使中的一个，其余的四个是：迦叶波哥达（Kāsapagota）、末示摩（Majjhima）、婆诃提婆（Sahadeva）和 Mulakadeva. 在他们之间，迦叶波哥达和末示摩的舍利子在桑奇的第二号舍利塔中被发现，迦叶氏、末示摩和妙声（Dudhubhisara）的舍利子在索纳里（Sonāri）的同一个舍利塔中被发现。柯悉基波达（Kosikiputa）的另一部分舍利子也在索纳里同样的舍利塔中被发现。因为舍利弗和目犍连的舍利子被珍藏在第三号舍利塔中，作为佛陀的随同，他当然不能同舍利塔一样能追溯到佛陀时代。同样，因为部分或可能全部的导师的舍利子都被保存在二号舍利塔中，且与阿育王是同龄人，几乎不能总结出这个舍利塔是在孔雀王朝时代建立的。相反地，由于导师们不可能都死于同一时间同一地点，显然他们的部分舍利子在被带到桑奇之前是被保存在其他地方，同时自然而然地能得出，这种传递直到巽伽王朝时代才发生，当时这里有能被人相信的地面建立舍利塔。吉尼·坎宁汉姆以为舍利塔最初只是为了迦叶氏和 Vāchi-Suvijayita 的舍利子而建的，因其名字被发现可在了石盒子的外部。这个观点被马君达尔先生所质疑，但是无论如何这里没有情况表明舍利塔是紧随着他们其中任何一人的死亡而建造的。它的日期可以确定是在公元前 2 世纪的最后一个季度，也是地面扶手栏杆和其大量浮雕形成的时期。沿着从主平台逐渐下降到 2 号舍利塔的老路，仍旧可以找到一些曾经建在山丘边上的丰碑的基底。值得注意的是，在它们中间是一个半圆形神祠的破坏的基础，神祠约 61 英尺长，32 英尺 6 英寸宽，正对着东方（Pl.1）。其他的遗迹仅仅是一些添加结构或已经消失的被破坏的粗石工艺的站台。其中的三个位于神祠的西方和西北方，第四个面向其东方；后来，出现了第五个，位于最后提及的那个北面约 70 码处，恰好在老路的另一边；增加的两个，紧紧靠在一起，在路的北边约更高的 80 码处。它们的北面，再一次被当代道路部分切断的地方，是一个标志着中世纪修道院遗址的大量石砖和碎石堆；同时，在朝向西方的附近地区，有一个顶部有石碗的小一点的石堆。石碗的尺寸很大，顶部直径达 8 英尺 8 英寸，同时吉尼·坎宁汉姆猜测它曾经装过佛陀吃过的荨麻。然而，对于这个猜想是毫无根据的，因在法显的"佛图记"中没有提到桑奇。很可能那个巨碗是用于分发神祠提供的食物的，如刻着 Bhāgāyapasādo 的碗一样，其典故都已经成型了。在 2 号舍利塔的另一面，稍微低于 N.–N.–W. 的是另一个矩形的站台，7*9 码，突出于山边朝向西方。在其上面曾有一个石柱，其残片和可能是狮子柱顶（Pl.104g）的部分在其边上被发现。从这些可以表明那个石柱的柱体，如在主平台上的 25 号石柱，是下部八边形，上部十六边形的带有一个温和向上的椎体，同时，正如在石柱之上一样，一些面是有凹槽的，一些是平整的，但前者并没有和后者交替。石柱和站台可参考是属于巽伽王朝时期，因此可能是与 2 号舍利塔同时期的。

图二十七 二号舍利塔

第八章 早期楯栏上浅浮雕图案的解读

在第一卷里，各种的塔式建筑已经被分类讨论过很多，就像约翰·马歇尔爵士指出的那样，这些塔式建筑涵盖了超过 12 个世纪的历史，从公元前 3 世纪到公元 10 世纪。覆盖的范围，可以说是整个印度佛教的历史，从这些布满了雕刻的石头上，不仅可以读到佛教艺术的历史，也可以读到佛教信仰演变的历史。众多杰出的考古学家们致力于研究佛教艺术的变迁，并揭示了桑奇的雕刻艺术是如何逐渐将自己从注重原始艺术的教条中解放出来的。从现存桑奇最早的作品来看，所有的形象保存都非常完整，而且它们是根据记忆设计出来的。但很快，这些工匠们就开始提升自己的工艺。在 1 号舍利塔的塔门上，他们已经掌握了透视收缩的非常难的秘密，学会了去组合搭配塑像让他们灵动起来，构想出了一种视角模式，抓住了如何设计引人注目画面的要领。在笈多王朝时期，他们的建筑保持了真正意义上古典的严肃和优雅，但他们的雕刻却比不上古时的水平，没有那种质朴和别致的感觉，呈现出一种简单的精神世界的表达和空想的美。没过多久这种风气就蔓延到了建筑上，外形浮夸、装饰繁杂、刻板重复的图案。但有两个原因我们不应该再提及这些问题，首先，我们不应该再添加任何东西在约翰·马歇尔爵士已经令人信服和详细阐明的描述里；其次，我们关心的重点应当是这些东西的内在含义而不是外在装饰的形式。艺术历史学家们已经一致同意将这个问题留给专业的肖像研究学家，我们在接下来章节的主要任务是去解读符号、浅浮雕和确定塑像的身份。当然这也很有用如果在开始就指出雕刻技术上的进步大概也会揭示主题的改变，但这样的话，由于雕刻技术不断进步，马拉瓦艺术演变非常细小的阶段变化都有可能要区别出来，但其实它们大体上都可归为佛教艺术。在刚开始的时候，我们有一种被各种各样图案主题淹没的感觉，像是打包从前佛教艺术那里把所有东西都借过来了。这种多样性，乍一看让人眼花缭乱，却提醒着我们：就像地中海的基督教世界一样，佛教徒们在印度终究是后来者，他们为了宗教需要也需要接受和适应一些装饰图案和符号，但那些既不是他们发明的，也不是为他们发明的。桑奇最古老的栏杆在2号舍利塔周围，不断重复出现的四大圣迹是我们唯一能找到的有意为之的佛教主题。用这种趋势去表现，至少是引导，来表现伟大导师传奇事迹的场景，变得越来越明显，捐资人或者是朝圣者们在他们的宗教建筑上当然只愿意看具有精神启迪意义的主题。这种在栏杆上表现出来的引领性想法的现象，很明显是在菩提伽耶和巴尔胡特之间的过渡时期，最后将自己完全融进桑奇1号舍利塔的塔门上。不论我们是否真正懂得他们的内在含义，我们只解读其代表的佛教内涵和意图的部分，忽略其他部分。

现在，这些关于伟大导师生平事迹或是涅槃的场景，却完全是以古印度艺术风格的手法来表现的，只是一直表现佛陀的故事而从来不表现佛陀本身。如果我们想要了解真正犍陀罗的雕刻家们带来印度的新样式，我们就不得不去马图拉，他们对中印度的传统是陌生人，并且是在遥远的西北地区创造的，不受印度传统的影响。这些样式非常不同因为它们在作品的中央真正表现了佛陀的模样（不仅仅是符号）。就桑奇本身来说，毫无疑问我们不能看到犍陀罗模式的这种逐渐替换，因为这里不论是塔门还是栏杆，其建造时间都比佛陀像出现的时代要早。犍陀罗模式一点一点地替换掉了原来的印度模式，直到他们无可争辩地统治了笈多王朝时期和之后所有的浅浮雕和绘画。我们应当看到，这块少见的石碑表现了制服狂怒的大象这一场景，佛陀的形象比起在场景中的其他人物不合比例的大。这种做法流露出双重倾向，一种是这有一点像后来的佛教艺术和佛教寺院艺术；另一种是浅浮雕转变成为雕像，这种趋势、这种造像行为垄断了大众的喜好，却使浅浮雕失去了市场。在桑奇，还有这样一些雕像，当时并没有完成，现在仍然连在石头的背面。在佛陀的身边我们看到数量不断增加的菩萨，这两组塑像加起来就是我们经常所说的大成佛教万佛殿。最后，还有一些密宗特征塑像的出现意味着其衰落，由于异教徒的入侵很快就终结了这一切。

　　放眼望去，这些立在圣山上的塔式建筑和雕刻，佛教图像学所有发展的重要时期都呈现在这些遗存里，这些塔门值得被好好研究。这里还有各种题记，在第四部分①里会有解读，其中图解了各种字母表，成功地解读了中印度地区一种又一种的文字，从阿育王时代的婆罗米文到现在的梵文。这里还有多种雕刻，从最早的圆形浮雕到最晚的雕像，它们需要被一个一个详细解读和研究。在这些遗迹中最珍贵和最有意思的就是那些年代最为久远的原始雕刻，应当进行完整复制和详细检查。这些珍贵的浅浮雕，我们已经提到过，可以分为两类，但不是以时间作为尺度来将他们分开，而是基于一些很明显的差别，不论是在构成上还是在主题的选择上。第一类，就是本章要讨论的，包含了桑奇所有古老的装饰栏杆，例如2号舍利塔，它们很辛运完整地保存下来了，还有那些1号和3号舍利塔平台和楼梯上的雕刻，那些被约翰·马歇尔爵士归到公元前2世纪巽加王朝时期的。第二类在下一章会主要介绍，包括在安得拉王朝时期所立的塔式建筑，也就是1号舍利塔的4个塔门和3号舍利塔的小塔门。最后，我们会在第四章一起讨论所有关于贵霜王朝、笈多王朝和中世纪时期的肖像学研究。

　　我们的研究就是基于以上方法和计划的，这种方法，是根据事物发展顺序来做的。我们不变的目标是发现隐藏在装饰图案或是世俗表面之下佛教信徒们想要表达的宗教意义。而进一步的研究表明，应当坚持这一方法，

---

① 马歇尔的书有三大本，其中第三本后面分出来四部分，有关题记的解读。我们现在翻译的是第1本的上卷部分。（译者注）

因为这样做带来了丰厚回报。只有这样，我们才有希望在我们从事的工作上真正取得一些进展，给这些雕刻编排一个参考资料。肯定的是，没有人会对这些漂亮的、具有不可估量学术价值的雕刻无动于衷。还有数卷，我们相信需要被写出来，来介绍当时的民俗、生活习惯、习俗和艺术等。但我们必须从最吸引人注意的地方开始，在用这些雕刻来研究当时人们生活方式和习俗之前，我们需要先弄明白它们所表达的意思，这里肯定留存着给后人看的消息，可是后来的人们已经丢掉了解读这些语言的钥匙。我们最要紧的任务是再次找到这些符号、传说故事和偶像所蕴含的意义。当然我们也不能忘记留给我们的空间是有限的，就如同约翰·马歇尔爵士将自己限制在雕刻美学演变的大框架内，所以在我们这部分也会继续坚持这一原则，不过读者需要注意，解读嵌板的那部分只能作为暂时的参考。

桑奇最古老的浮雕，根据它们的组成、题记、主题来判断的话，应该是1号舍利塔平台和台阶栏杆上的装饰，2号舍利塔周围楯栏上的浅浮雕相比，他们看起来更古拙一些，更像是示意图。根据我们现在掌握的知识，他们之间的时间间隔是无须考究的。这些观点同样也适用于2号舍利塔加宽了的台阶和平台栏杆，还有3号舍利塔的这一部分。但还有一个特别的原因，根据2号舍利塔的楯栏，幸运的是原本88个柱子现存还有85个。这就意味着，就像1号舍利塔的塔门一样，再比他们早半个世纪，给考古学家们几乎提供了所有的装饰图案。在印度，没有什么比这个更珍贵，做梦也没有比这更能指导我们研究和给我们的结论添加分量。我们应该把这些作为研究的中心，把圆形浮雕和其他古老的栏杆仅仅作为参考和比较。

我们的调查确实缺乏一丝精确，我们不可以也后悔从外面开始研究。不能以现在的装饰顺序作为依据。这座舍利塔在19世纪经历了从半破坏状态到修复，有些栏杆的柱子被弄倒之后又重新立起来的，并且当时并没有太关心他们原本的顺序，有些时候混乱程度超乎我们的想想，甚至里外不分，但也只是一部分，并不是全部打乱，仍可作研究依据。另一个比柱子更加重要的修复在四个入口处，就是栏杆在四个方向上断开的地方。如果不是在最初的时候，至少是非常早的时候，那些雕刻家们认为把这些栏杆从底到顶都装饰出来这是一种责任，一面甚至三面，他们还在台阶底部的位置做了新布置。举个例子，1号柱子的装饰，就是这种方式设计的，看起来古色古香。但有一些这样的柱子明显是被晚一点的时候重新刻过的。如果把这些栏杆作为整体来看的话，认为柱子上的雕刻不同的组成部分都是在同一天刻的，那么雕刻师们以一己之力对抗整个潮流，出现的频率也太高了。一瞬间的反射，更甚者，看一眼27号立柱的话，举一个典型的例子，就足够处理这个错误。很明显在方形嵌板上的装饰，它们盖住了这个柱子地两边，与1号舍利塔塔门上的装饰是同一时代的，与2号舍利塔的装饰不同，肯定不是同一时期的。就这部分而言，对比是非常明显的。事实上，它迫使我们排除在调查里的临时的东西，给我们要讨论的雕刻做了一个承前启后的作用。

除过这些特例，剩余的柱子全部是统一的、专有的在中部进行装饰，在中部横栏交接处，用完整的圆形浮雕；在上下部分，在潜入底座和斜尖之上和之下部分，用半圆形浮雕装饰。所以这儿总共有152个圆形浮雕和303个半圆形浮雕。它们中的每一个，就像我们在入口处的柱子上发现的51号方形嵌板一样，都是用浮雕的形式，总共有506个主题，分类和解读的任务就摆在了我们面前。如此大的数量肯定会对研究佛教早期雕刻带来很多帮助。我们必须先得把它们重新迅速地看一遍，不带任何事先形成的理论或者是不成熟的假设来看一遍，我们就可以很快找到突破口和懂得这些题记的意义。

对主题的整体调查

第一眼看去，2号舍利塔栏杆的装饰是基于莲花主题的，到处都可以见到，这是第一件可以冲击并不断吸引参观者眼球的事物。它们是如此的常见，以至于有人可能会问这是不是早已消失不见的早期木质栏杆唯一拥有的装饰图案。慢慢地，人们就会想，不可避免的和合理的需求导致出现了其他装饰主题，但即使这样，莲花也会环绕其周围。这毫无疑问就是无止境的圆形浮雕的起源，在菩提伽耶和巴尔胡特的栏杆上出现的，包括桑奇，还有后来前面提到的被方形嵌板替换掉的那些。就目前来说，莲花在2号舍利塔外部栏杆上保持了无可争议的主导地位，尽管有几个地方被圆形浮雕替代了，不过这种完全被替代的现象也很罕见，一般至少会留下花蕊或是莲座，你只需要从74号到91号扫一眼，就会很快同意这个观点。但必须要承认的是，这些混杂在里面的主题或是用于替代的，种类已经很多了。他们大多取自植物或是动物王国，也包含很大数量的人物形象和一些符号。

其他的一些，像舍利塔是直接源于建筑的，还有一些例如轮子图案，一般位于那些石柱上，是阿育王及其荣耀的象征（74，82和86号立柱）。轮子的轮毂是被休整过的，就像旧硬币一样，有一个伞状边缘。有时甚至把莲花中心的样子做出来，就像76号立柱一样。有一个上边的符号被称作为金牛座（nandipada），它立在一个由神怪支撑的石座上（74号立柱）。金牛座重复出现了几次，有时在莲花之中（12b、26b），或是在盛有宝石的莲花上（9b和25b）另一个符号卐字很神秘，与莲花以多种方式相连。（9b，22b，40a，48a，51a，53b，75b，83b）。有一种简化了的形式可以更好地与棕叶图案和金银花图案相连（16b，17b，19a，22a，32b，42b，48a，60a，65b，69a，72a，82a，87a），甚至曾经在晚一些的时候，有狮子背靠背的形象。

这种被称作忍冬纹的花纹装饰，出现频率仅次于莲花图案，单独出现和容易辨识的地方是13b，22a–b，27a，28a，38a，44c，51a，71a号立柱。这种图案的重复出现表明艺术家们很有可能赋予了其象征意义和神圣属性。至于菩提树（天竺菩提树，菩提榕），我们过一会儿再详细讨论，杧果树也出现了几次，有作为给大象遮阴的（58b），也有单独出现的长满果实的树枝。有时被松鼠摘走（25a），有时是鸟（86b），有时在一个蹲伏的男人手里（74b），或者是被一个奇异形象拿着(86b)。59b号柱子中部的圆形浮雕看起来像是一刻棕榈树，与另一棵树一起，很奇怪的被修剪成了凉亭的外形，就像那些我们在1号舍利塔西塔门上见到的一样(Pl.64c)。

我们还可以看到，在塔门的女像手里有盛开的紫薇，和 1 号柱子上夜叉女拿的一样。27b 柱子上的一束花，太过华丽，世间可能不存在。

图二十八 立柱雕刻图案

在分析动物图案的时候，是没有任何辨认上的困难。在最前面是狮子和大象，接着是马，还有牛。牛应该是被当作第四神圣动物，所以占据了较少的篇幅。取而代之的是雄鹿和雌鹿出现的比较多，有时单独出现，有时是跪着的（ic,14b;cf.Pl.8a,3），也有用嘴碰前蹄（Pl.8c,4），有时面对面（Pl.8a,3）或背对背（31b,40b;cf.5a,44b 和 c,49a,66b），有时被狮子抓住（8a,24b,在顶部）

123

或者是被一只狗追着，尾巴翘起来（44a）。其他的哺乳动物都只是零星的出现。如有骑手和没骑手的骆驼（54a 和 66c）、水牛（Pl.8a,2 和 b,2）、犀牛（24a）、野猪（86a）、松鼠（25a）还有两只不知名的啮齿动物（24b）。后来很常见的猴子这儿没有，但有一只熊在（Pl.8c,2）。

鸟类的话，著名的 hamsa 或者说是印度鹅很常见，一般是成对出现的（55b,86a），并且经常在半圆形浮雕上与莲花结合（6b),或者是圆形浮雕（43b,52a）或是葡萄植物（44a,49b,66a 和 71b）。他们经常会被误当作是鹤(cf.5b)，因为鹤也经常成对出现（73a 和 84a）。一只雄孔雀，在两只小的雌孔雀中间正在开屏，在 10b 柱子上占据了整个圆形浮雕。鹦鹉有时会在葡萄植物上被认出来（尤其是 44a）。至于其他的鸟类，有几个很难确定身份，尤其是那几个刻在半圆形浮雕上的，在他们的嘴上或是脖子上有花环（cf. 尤其是 25b,73b,79b,80b）。通过类比，我们可以猜测 18a 号立柱顶上，在两只背对背的狮子的中间的图案是一只鸟儿的头穿过一只花环的样子。

鱼在栏杆上也可以找见，有时被大象踩在脚下（35b），有时正在被奇怪的海怪吞食，我们在稍后会讨论(cf.34a,79b,86b)。我们还看到了（p.184）乌龟的一部分。关于蛇的话，我们只找到了一只眼镜蛇，在一只非常常见的秃鹫嘴里挣扎（38b）。还有其他两个样本，每个都有五个头和顶盖（32a,81a），是神人形象的过渡阶段，还没有被列举过。

另外，关于这些多头的蛇，我们见到过印度人创造的一个奇怪的形象，就是一头大象长着鹿角，或者更准确地说，一只长着象头的鹿 (84b)。在第 11b 号上还有一只长着鱼尾的雄鹿，这是很著名的迦勒底神的形象。至于海怪，原创的玛卡拉（Makara）不管是借西方人的还是，似乎在印度变成了一个鳄鱼头（79b 和 86b),但很快这种蜥蜴一样的动物被不合理的拉长，使人容易联想起象鼻（8b），当然，毫无疑问有时也是为了表现象牙（30a）。研究这些栏杆，这种装饰图案的演变，我们注定会取得这样意味深远的成功，我们还观察到玛卡拉的新功能，有吐叶子和花的，有时在圆雕上（25a,39b,64b），有时在整个柱子的表面（22a,71b,88a 和 c）。

狮子作为一个主题图案来说也有多种神奇的变化（我们再一次看到它在 25b 上是一个海神的形象），所有的狮子很明显是希腊波斯艺术风格。因此，这儿就有长翅膀的狮子，有时表现正面，很笨拙地在尝试表现出缩减透视的效果；有时表现侧面，背对背成对出现（62a,77a,79b）。还有一种类似格里芬的借用情况，就是一只狮子长着鹰或鹦鹉的喙，有时有翅膀有时没有翅膀（7a,56a,72b 或 14a 和 35b）。我们也必须承认这种来自亚述①帝国遥远的遗产：狮身人面，脸上有长胡子(8a)，也有卷曲的鬃毛(9a)。

我们在这些一系列的神人猛兽、人与动物结合的形象特征里发现有古典影响和东方传奇的混合。更使我们惊奇的是，在这座古老的佛塔的扶手上，竟然有人马甚至是女性人马的形象，在希腊艺术中非常的罕见。一种骑手是一个女人（7b;cf.Pl.8f,5），另一种是一个男人（81b），人体上半身的塑造和马的装饰是印度风格的。一旦打开思维，以前的设计师们看来试遍所有人和马的两个元素的组合方式。例如，我们可以看到长着男人头的马（82a），长着女人头的马（86b;cf.Pl.27）。前者，很明显是亚述人的创造，在波斯的造像中幸存下来，作为穆罕默德升天的坐骑。后者可能不是来自近东当地，也肯定不是印度人的创造，它就是里亚的类似大地女神德墨忒尔的形象，可能是希腊人的创造。但这个形象被印度人接受，甚至传到了柬埔寨，并且这种形象还可以在印度教神话中找到，类似于紧那罗的名字。

在古老的佛教神话中，这种不明确的东西（被翻译成人兽）被特别应用在另一类杂交的神灵中，就像庞贝 (Pompeii) 古典的塞壬 (sirens) 形象，我们在这里考虑的是把一个人的躯干嫁接在一只鸟的身上。应当注意到，我们在古老的栏杆上找不到表现这些印度塞壬优美歌声的画面，尽管它们的音乐天赋经常在文学作品里被称赞，并在随后的阿旃陀（Ajantā）、婆

---

① 亚述：Assyria 古代西亚奴隶制国家。位于底格里斯河中游。

罗浮屠①和中亚艺术中不断出现，更不要说暹罗 (Siam) 和柬埔寨 (Cambodia)
了。不管是独立出现（84a），抑或是在一些圣迹中，它们的作用是带着神
圣的花环，或者没有花环，后来一些时候弹着琵琶。它们有着鸟儿一样的
翅膀、尾巴和脚，让他们赢得了金翅鸟的名字。但是在这里的圆雕上（38b），
就像在东塔门的门楣上（Pl.46），那个秃鹫一般的迦楼罗——鸟中之王，
经常就是一个大鸟的形象出现，或多或少模式化了。

　　从那伽开始，我们终于开始进入一系列更印度的信仰和图案了。在前
面提到过（P. 173）动物形状的蛇鬼，但有时候他们也可以是人型。不论
怎样，在 6b 号立柱上，一种爬行动物尾巴的盘绕图案填满了整个圆形浮雕，
一直到了塔尖的位置。还有一个五头的帽盖刻在头巾之上，在 88c 立柱上，
蛇神以三个帽盖区别出来。

　　讨论完这些杂交生物，我们开始讨论纯人形形象。事实上，我们仍旧
会碰到一些变形的生物，应当被认为是一些低等的鬼神。有时，我们会看
到一些壶状肚子的侏儒，他们被当作男像柱在石座底下（1c 和 5b），我
们在西塔门和小塔门门头上看到它们，并具有相同的功能（cf. Pls. 54 和
95）。通常，他们有莲花相伴，有时是圆形雕塑（6a,9a,41a,73b,85a）或者
是在长方形的嵌板上（23a,49b,88a）。值得一提的是在 23b 号立柱上装饰
有奇怪的褶皱的皮衣。在 14a 中心的圆心雕塑，有一个坐在藤条椅上的人
物形象，他特别的头冠是不是表示他是一个国王，我们到底了解多少，那
些在马背上、象背上或者是骆驼背上数不清的骑手，更不要说女性人马。
若换作是我们，如何去创造这样的场景，两个人骑着一头大象，大象脚下
还踩着一个人，他的头发还被象牙挑起来？ 14b 号上的捕狮人看起来像是
一个印度人，但在 88b 号上穿着大靴子，带着塞西亚帽子（欧亚草原尖帽）

---

① 婆罗浮屠：Borobudur 印度尼西亚现存最重要的早期大乘佛教建筑。原为王公或其家族骸灰
的陵寝。位于爪哇中部日惹城北约 40 公里处。修建于公元 800 年前后夏连特拉家族治时期，后
来因为火山爆发，使此佛塔群下沉，并隐盖于茂密的热带丛林中近千年，直到 19 世纪初才被清理
出来。

肯定是个外国人。

如果我们转向女性，同样的不确定性也突然出现。在 1a 立柱上，通过与巴尔胡特刻有题记的形象类比，我们知道他是药叉女。另一方面，在同一立柱的顶部背面，我们有充足理由确定那是摩耶夫人，佛陀的母亲在佛陀诞生的神圣时刻。我们要做的是，举个例子，在立柱 c 面蹲着的女人，或者是她对面抱着孩子的女人是谁？在这里和之前柱面上的两对夫妇又是谁？又一次通过与巴尔胡特的类比，我们才知道它们是一对夜叉。相同的形象也出现在 88b 号立柱和北边的入口上，还有在性爱主题的 20a(cf.Pl.8e) 和 66a 上。但是当它们成对虔诚的站立在菩提树下的时候（66c），或是在初转法轮里的法轮前，我们如何确定其是天人还是只是人类，他们的脚是站在地上的这一事实我们应该如何思考呢？

装饰图案

前面出现的困惑在这里会更加严重，如果我们试着去给那些装饰图案里的人型形象命名，去发掘雕刻奇异生物的原因，或者是去识别动物。不论怎样，经过我们在 1919 年对这些栏杆详细的调查，得到一些结论在这里可以概括的陈述。

（a）这些装饰图案不仅仅是为了装饰这些纪念碑才产生的。不论是一个人，还是一个工作坊，都不会有如此高产的想象力在那么短的时间内来创作这么多图案。桑奇最古老的设计者比这些图案出现的时间要晚很多，但他成功地将前人很多的成果都用在了桑奇需要的地方。在这些传统遗产基础之上，与大量起源于近东的外国元素融为一体，这些外国的影响主要体现在各物种的杂交图案和怪异的生物形象。

（b）不论怎样，在这些混合之中，有大量专门关于佛教的主题形象不断出现在我们眼前，如果不出现的话才不寻常。当然我们首先也要承认建筑和装饰之间特定的关系。第一遗迹，通过考古发掘已经证实，毫无疑问那是一个佛教的舍利塔，它周围的装饰必须尽可能契合对佛陀的礼拜。那些不断重复出现，很明显的四大胜迹印证了这种联系，当然我们在这里并不展开这个问题，在本章的最后会详细讨论。

（c）还有一个结论对我们来说同样重要。除非我们错了，仅仅是扫一眼这些嵌板，读者们也会有和我们仔细勘查这些纪念碑时有相同的感觉：那就是，这些装饰的变化更多的只是表面上的，而不是实质的。我们只需要切身实地的去想象一下当时雕刻师们遇到的情况，当他们雕刻这 88 个立柱的时候，有时是一根柱子刻两面，有时是三面。就可以很好地理解，当他们拿到一个图案的时候，会翻来覆去的在石柱上面雕刻，尝试其各种可能，直到试尽了所有可能之后才停下。所以他们的构成中有很大一部分仅仅只是很少一些图案的演变。

总结一下，在解读这些雕刻的时候，或多或少我们应当从三个方面考虑，（a）工作坊的常规；（b）出资人的要求；（c）工匠的个人创造。仅仅通过大体的观察只会让我们感觉都一样，很有必要通过一些切实的例子来证明。

最有说服力的例子，就是莲花图案，因为它出现的最频繁，几乎填满了三分之一栏杆上的圆形浮雕。他们是来自古印度装饰家们的遗产，这是毫无争议的，这儿最起初的作品（cf. 29a）就已经告诉我们，它们的形式化很早以前就已经完成了。同样也无须怀疑，这些主题所呈现的，如果说直接一些的话，佛教只是一个外衣而已。莲花，有着纯净的颜色，美丽的花容，出淤泥而不染，濯清涟而不妖，长久以来就是化生的象征，并且我们应当回顾一下最初它是如何象征佛陀降生的。这又关系到我们的第三个结论，没有人可以说这里的莲花有两个是完全相同的，当时的艺术家肯定也是绞尽脑汁来翻新花样。大多数情况下他们采用增加花瓣数的方法（cf.19b），或者是用同心圆的花环、绳子或是项链把莲花包围起来（cf.33a,42a,51b,57a,etc.）。有时，他们把特定数量的花瓣卷向花心（cf.67b,68a,70a），或者是把它们卷成螺旋形（33b,50a），或者是用棕榈树或者是蕨类植物的叶子进行替换（36a,43a）。很多时候他们也会用很多小莲花拼在一起创造出一个花式图案（13a,42b,65b,87a），也会把花挂在类似于木钉的东西的上面（2b,19a,69a）。去详细列举所有的变化是不可能的，更重要的是，在这里吸引我们的，并不是那些奇妙的变化，很明显，即使我们详细研究这些变化也发掘不出什么东西。我们所关注的，是那些以前的设计者们、是如何创造这些单纯、奇妙、精致的装饰图案。简而言之，这些莲花图案在这些古老的栏杆之上有其特殊的佛教意义（P.183），我们也可以看到一些图案的变化，补充表示着一些象征意义，但是，这明显是荒谬的，如果我们大量找寻这种图案进行各种研究，却唯不将其当作是一个很好的印度人的特色装饰图案的范例来进行关注。

我们在研究那些神圣动物的时候，也会得到相同的结论，就大象的例子来说，通过类比刻有题记的巴尔胡特浮雕 (P.182)，可以让我们辨认出代表着乘象入胎的画面，他们位于 6a 号和 85b 号立柱的上半部分的半圆形浮雕上。在这幅画面里，大象占据了画面最主要的部分，还有其他 5 个立柱之上那些补充的部分，表现的是佛陀的降生。我们要做的事，是从佛教的角度去观察，并且还要考虑到在那些圆形浮雕上其他的 25 头大象，更不要说那些柱头上的 (5a,66b)，还有卷轴的开端部分的 (3b,5b,44a,66a)。当然，我们可以辨认出那些大象，它们以向前直走的姿势表现，并且在他们的象鼻上挂有莲花 (4a,8b,18a,24a,35b,50b,54b,70b,77b)，即使它们只表现出前半部分身体也可以辨认的出 (10a,18b,26a)。对于那些站在菩提树下的大象 (38b,41b)，我们远远地就可以嗅到一股宗教的气息。当然，如果我们只是看到它们与杧果树 (58b) 出现在一起，或者是与无名的奇异树 (59b)，或者是与花环 (54a)，那么其宗教意味就减弱了。在这种情况下，为了表达其神圣的宗教意义，可以通过大象用象鼻喷水 (15b)，或者是抛掷他们的食物来表现。或许这些只是艺术家们的即兴创作，从他们的作品中，我们可以窥探到他们心中那些神秘的想法。大象这种动物，对他们来说毫无疑问是神圣的，也是他们最宝贵的灵感来源之一，他们利用的非常好，通过奇思妙想，还有一点滥用的嫌疑，竟然毫不顾忌的，有表现两头神圣动物猎杀的画面，所以我们可以在 24b 号立柱上，看到有一个象宝宝被一只狮子追着跑的情景。

追逐象宝宝这个画面，并不是狮子所做的唯一劣行。有时他一点也不感到羞愧，去捕捉那些鹿，就在表现初转法轮的画面里（P.190）。又有时候，可能是为了报复，狮子变成了猎人的猎物，成了受害者（14b 和 88b）。还有的情况，狮子被用作各种各样的装饰目的，有时候是单独出现（34b，61b，63a，74a)，有时两头狮子面对面 (1c)，有时是背对背（3a，5a，44b，c f. 13a），有时被塑造成高浮雕(4a，18a，51b，87a，c f，27b)，有时和卷轴组合在一起 (3a，5a，49a，71b，88a）等等。虽然说狮子出现的频率和大象出现的一样多，但是我们也要注意到工匠们做的其实并不成功。事实上，在这两种动物身上所做的透视收缩的努力都是不成功的。不论是哪种动物，工匠们在表现他们正面肖像的时候，他们总是认为，动物身体其他部分必须要尽可能的隐藏掉，这就是为什么他们总是将动物的前半部分加宽到很不寻常，然后让他们的后蹄放在前蹄的两边。从这点来说，72b 号上的厚皮动物大象就没必要责怪或者是羡慕 75a 号上的食肉动物狮子了。但当我们讨论到表现动物的侧面肖像的时候，那么就完全是另一种情况了。大象经常被画得非常准确，有时甚至非常出色。狮子的风格则表现的是更加古朴和原始。尽管表现的是动物的侧面，石匠还不忘提醒我们这些动物长有两只眼睛，他们在雕刻的时候加了一个脸部上半部分的轮廓，让我们知道还有另一只眼睛，一般来说另一只眼睛我们是看不见的。

我们当然知道，当时的艺术家们，比起看见他们本国的动物，很少有机会能够见到那些外国动物。他们制作那些外国动物肖像的时候，都是依靠记忆。对于本国就有的动物，他们在现实生活中看到后可以画下来。但我们得回到我们的当务之急，这些被雕刻出的动物，不论是国内的还是其他什么的，肯定不是佛教自带的，谁有这么大的胆子，可以确认地说他们全部都故意变成了佛教的一部分？除了大象，狮子之外还有马和牛，它们的高贵品质已经被广泛承认（c f. below，pp. 186 和 188）但是谁又能够找到美化牛和它的小牛犊其具体的佛教意义（11b)，或是水牛（Pls. 8a，2，和 b，2)。

我们知道在佛经里有时僧人会拿犀牛来比喻自己的独处，这或许给了我们一个很好的借口，为什么 24a 号立柱下半部分的圆形浮雕要那样塑造。但是画骆驼、野猪，还有松鼠又有什么启发意义呢？我们会看到有表示虔诚的动物如孔雀和鹅，但是鹤、鹦鹉，又能使人产生什么特殊的联想呢？毫无疑问，我们犯的错主要是因为我们忽略了古代印度民间传说，但这也不是唯一的原因，我们在前面指出过，有人问那些古老的亚述人和受希腊影响的波斯人的野兽之间与这个佛教宗派的教义有什么联系？我们是有证据来解答为什么频繁使用那些杂交生物的。我们再重申一遍，如果说我们总是抓不住当时佛教徒们做这些古老的佛教建筑上装饰图案的意图，主要是因为当时的设计者，在选择主题的时候，没有明确的目的。他们刻这些图案肯定有其特别的原因，绝不仅仅是为了好玩，其表象之下必然隐藏着更多含义。他们为了在短时间内，填满这五百多个柱子或建筑上的装饰，唯一的方法就是用尽他们所有已知的素材，不论是本国的还是外国的，宗教的还是世俗的，同时绞尽脑汁，尽其可能地创造出更多的变形。这些初步的结论，给了我们两个非常有用的启示，第一就是如何解读这些雕刻，第二就是他们是在何种情况之下被制作而成的。从事实出发，这些古老的桑奇建筑的出资人，是一些虔诚的狂热的佛教信徒，有人曾试着得出一种结论，就是可能当时有某种不成文的规定，这些工匠们也和出资人们一样，都是狂热的虔诚的佛教信徒。得出这个结论有点太突兀了，不过，在这件事上有一点是确定的，就是桑奇的创始人们和石匠们在当时都处于印度社会的最底层，并且都拥有相同的信仰。事实上，没有其他合理的解释能够说明在桑奇和巴尔胡特都出现这些鬼神和半神形象的原因。至于得出其他结论就太仓促了。当然我们一点也没有要坚持那个悖论，就是桑奇的艺术家们都不是佛教徒，但是也没有任何的证据说他们全部都是，或者是他们大部分是，一群艺术家被招募过来，突然全部都皈依了佛教这种情况。即使他们就是这样被招募过来的，但那也不能阻止他们为不同宗教信仰的出资人提供服务。或许他们不能使用自己的图案，但至少也可以使用一些相同的符号来表达不同的意思。我们从一个题记中得知，有一个象牙雕刻师，他来自邻近的城镇毗迪萨，声称他曾经装饰过大舍利塔南塔门上的门窗侧柱。谁又能说他们只为佛教信徒服务呢？我们必须要补充的是，再后来一些的时候，举个例子，马图拉的耆那教神像，很明显就是在那座城市里制作佛像的那些工匠们完成的，并且我们还可以在埃洛拉看到，制作婆罗门教、佛教和耆那教的神像工艺都是源于同一工匠群体。就桑奇本身来说，这难道还不足以说明，那些在中世纪修复了第 45 号神庙的工匠们，当时处理装饰其实并不得体，可能就和他们当时一样，事实上当时的情况就是如此，他们被委托来修一座印度教的神庙，而他们本身并不一定是印度教信徒。不论这个错误是否要归咎于弗格曼，在他印度建筑学这本书里对一些东西的误导分类。但是我们都太容易忘记，在古代印度那些手工艺品从来都没有严格的宗派特征，这些栏杆上的图案就是各种思想的杂糅。

当我们逐渐熟悉这些雕刻的时候，我们愈加感觉自己有能力去区分它们的内容。但我需要承认，那些外来的变体，在两个情况之下才能确定清楚。一个纯是佛教题材的情况下，另一个是纯装饰的情况下。在这两种理想情况之间还有那些不确定的部分，一种题材融进另一种题材，并且以我们很难察觉的程度。还有非常多的谜题等待着被解读。佛教主题里一些奇幻的变体，还有一些佛教的含义隐藏在世俗的装饰之下。通过这种分类我们可以迅速和相对客观的进行调查，并且这种分类，还给我们提供一个有用的指导，来帮助我们去解读各种各样的浮雕，这样的话，我们就不会遗漏掉任何一个细节。毫无疑问，就像我们前面所说的那样，随着我们研究的深入，我们会不断发现更多和更清晰地隐藏在那些装饰图案背后的宗教意义，因而我们也会不断地推进到装饰图案具有佛教意义的时刻。但就另一方面来说，当时的工匠们在使用这些装饰图案的时候，工匠们必然经历了一个从吸收到娴熟使用的过程。这不禁让人去想，即使我们最后已经确定了这些图案的意义，但总是还会有一些元素在佛教的世界里无法解读。这种想法，在任何程度来说，都是令人欣慰的。虽然我们可能离完全解读那些可被解读的图案还很远。这并不是全部，我们的分类，就如同它本身就不是确定的，不仅仅只是给了我们完成任务的启示，同时也帮助我们来完善这个分类。感谢这种方法，这个基础可以被认为暂时的是清晰了。不论是机械的借用自其他宗教还是仅仅只是借用纯装饰的图案。现在剩下的部分，就只有那些直接按照出资人意愿来创作的图案，那么这些将在下一部分着重讨论。在这里，我们不要害怕努力去扩大我们研究的边界。我们一定不能忘记，那些古代的工匠有更多的想法，比起他们所能表现出来的。我们也要理解从现存的，一些细节上来找寻他们的艺术语言是不容易的。

佛教主题

任何宗教艺术，终究来说，都是一种礼拜的表达。佛教是有创始人的，那么这种礼拜的对象很自然的就是佛陀。对佛陀舍利的崇拜很好解释了舍利塔在建筑上的重要性。在雕刻方面，通过刻画佛陀的生平事迹，也就是大舍利塔周围栏杆上的那些装饰图案来表达对他的尊敬。在释迦牟尼的生平事迹中，最为信徒们热衷的就是那四大事件：佛陀降生，初转法轮，降魔成道，双林涅槃。从这点来说，佛经里面的记载，和塔身上的雕刻可以很好地互相印证，这四大圣迹就雕刻在外围的栏杆上。不过在雕刻的时候，情节的选择已有所变化，在佛祖降生和其他两个圣迹，一个是乘象入胎，一个是夜半逾城之间摆动，这两个圣迹同样都发生在圣城迦毗罗卫，所以总的来说有六个圣迹。至于那些如佛陀圣临，修建祇园精舍，帝释天显现还有其他情节也很快就流行起来了，但在这里我们并没有看到。还有一些很早以前就被经常展现的，非常有启发意义的故事，就是佛陀的前世或叫本生（Jataka）故事。他们的出现是没有规律的，根据画面需要的大小选择位置，所以它们都随机分布在外表面。在稍微晚一些的时候，犍陀罗和阿马拉瓦蒂，这些画面布局就会以发生的时间顺序来排列。是按照信徒们进行绕拜仪式时眼睛所看到的先后顺序来安排的。我们后来到婆罗浮屠看到的非常长的自传画面也是这样。不论怎样，我们在做说明的时候，按照时间顺序是非常有好处的，那样人们更容易理解，不然就只有那四大圣迹还比较明了和容易辨认，其他的佛教故事就只能靠猜测了。

我们必须承认的是，我们不应该想着在这些栏杆之上能找到表现佛陀前世故事的画面。与桑奇很相似的菩提迦叶，在 86b 号立柱的圆形雕塑和半圆形雕塑之上，已经很难看到本身故事的影子了。在两个地方我们都可以看到一个裸体的女人，长着一个马的头，她的臀部上背着一个人，并且用手抓着他。这个造型奇特、不断出现的形象，让我们立即想起了巴利本身故事里提到过有一个长着马头的妖精，是一个食人女妖，她的习性就是吃过往的旅行者。有一天她抓住了一个相貌英俊的婆罗门，这个可能就是菩提迦叶里表现的一个情节，但是这次她爱上了这位婆罗门，她并没有把其当作猎物，而是将他变成了她的丈夫，因为这个婚姻是门不当户不对的，所以就生下了菩萨，这也讲的是释迦牟尼的前世。这两个人物形象的身份在巴特纳发现的古老的圆形浮雕上被确认，现藏于加尔各答博物馆，在那里我们可以看到他们一家，那个妖精在中间，她的丈夫站在她的右边，他们的孩子骑在她的臀部上。在桑奇的栏杆上，我们看到母亲和孩子，很明显是在摘完水果回家的途中，但这块嵌板的表面只有装饰图案，并不是和菩提迦叶的一模一样。其实我们也不应该认为这个图案暗指的是一个本生故事，但如果我们接受这个观点，那么我们就可以继续来寻找其他类似的情况。来寻找莫拉本生故事是比较吸引人的，10b 号立柱上的孔雀或者是 55b 和 86a 号立柱上的鹅，但是这些图解，即使真的有佛教意义，也太模糊，我们还是略过比较好。最有可能的是，这些动物图案的装饰，其背后隐藏的意思可能只是最初图解本生故事的萌芽阶段。非常有可能的是当时的印度人，或者很有可能现在的一些考古学家，他们看到这些图案之后会很自然的产生关于菩萨传说的记忆，有时是一个英雄的形象，有时是一个动物的形象。另一方面来说，我们也不该去责怪那些艺术家们的想象力，也不能批评他们在菩提迦叶和巴尔胡特创作了一些只有画面但没有文字解释的作品。

图二十九 立柱图案

如果没有后来发现的栏杆图案做类比，我们也不敢就那么肯定这里表现的就是乘象入胎。佛经中写的是圣临，就是被祝福的那个人以一个大象的形象来到了他母亲的腹中。这个情节在巴尔胡特的一处圆形雕塑上出现过，主题是没有争议的，因为旁边有题记。在犍陀罗也有这个场景，但是不是百分之百肯定，是被雕刻在一个建筑结构上，不过至少他向我们展现了摩耶夫人躺在一张印度风格的床上，有三位侍女在服侍她，其中有一个在扇扇子，一盏灯，和一个大水壶，就是王后卧室的家具。我们并不清楚，这个场景是不是在试着表现乘象入胎，是不是首次出现在巴尔胡特，但其质朴的艺术表现出了伟大的创造力。在 2 号舍利塔的栏杆上，我们看到了一个更为详细的图解情景，不过上边的画面主要展现的却是当时信徒们眼中最重要的人物，就是那位能仁菩萨。在 85b 号上的大象，它的鼻子卷着一朵莲花，有时候是有的，佛经中也有写，但我们在 6a 上也看到一头大象，他仅仅是随意卷着它的鼻子搭在它左边的象牙上，但是它是踩在云朵上的，那么这很明显就是指菩萨的降临。两个场景的菩萨都是蹲着的姿势，头都向观众的左手边倾斜，表现的是他们的侧面。只有不熟悉佛教艺术传统的人才会感觉到奇怪，他们为什么都是以相同的姿势，以相同的角度，不论是在桑奇还是在巴尔胡特，因为这些人物怎么表现是有规矩的，唯一的不同就是一个菩萨带的头冠装饰更加复杂。

我们发现了一个事实，不过暂且只能在这儿先陈述一下。在犍陀罗的图解佛经故事画面看起来比古代印度其他地方的要准确一些。在巴尔胡特还有桑奇的东大门上，那些工匠们在塑造摩耶夫人的时候，他的头是转向观众的左手边。这是因为佛经中记载，菩萨是坐在她左边的臀部上而不是右边，并且工匠们在塑造菩萨的时候，他的身材不合比例的大，这样做其实并不能增加这个故事的可信度。但是他们这样做，并不是因为粗心，抑或是缺乏技巧，仅仅只是一个惯例问题。他们仅仅是在机械的，重现古老的乘象入胎模式，也是为了填满画面。当犍陀罗的艺术家们把摩耶夫人和大象的方向改变了之后，人物身体比例大小的问题就变得不重要了，这样做是因为对于一个不熟悉中印度传统的人来说，他们在想象乘象入胎画面的时候更为自由，或许还会有不同的理解。这也是为什么他们更忠实于佛经的描述，在信徒们的眼中也更具说服力。

我觉得我们在解读四大圣迹的时候，先确定主要人物身份，再进行论证的顺序是比较严谨的。我们也不能去回避研究那些新出现的、非常简明，但又对研究桑奇的雕刻很重要的东西。在列举它们之前，我们必须先将其分类，这样读者也容易在我们的引导之下，以一个连贯的思维来理解这些东西，因为他们可能会根据这本书来得出一些结论。一旦开始研究异国风情的图像，你就要准备好接受惊喜，乘象入胎中的大象，或许就会让你感到困惑，接下来讨论佛陀的出生首先就必须要摒弃固有思维，再去理解那些新出现的符号，并且在解读的时候，你的心中必须没有任何印度传统观念的东西。即使在观察非常明确的画面的时候。要用一个孩子的眼光去观察佛陀的降生。

（a）我们很自然地从这些莲花图案开始研究。不论是简单的，还是复杂的，他们都具有装饰和象征的意义，我们在前面已经详细讨论过了，在这里就不再赘述。吸引我们的是这些具有象征意义的莲花图案最后怎么变成了机械地重复装饰，应该是通过不断的使用，古代的设计者们也用很多方法让他们重新焕发出光彩，并且还添加了一些其他元素。图案逐渐演变这个连续的过程，我们可以在文献的帮助下重现出来。有一种引领的想法，就是让这些莲花图案由简单的装饰作用，变成了佛陀降生的象征，并且越来越明晰。这很明显，莲花图案经常填满了一些圆形浮雕的表面，当时的工匠已经决定开始在上面画出一些人头，这种模式也在巴尔胡特出现。有时还有用其他方式来表现乘象入胎的方法，一只侧着身子的大象拿着一朵莲花，又有时候，他们会用侧身的大象或者是狮子与莲花、花苞和叶子组合在一起。

（b）同时，他们还有另外一种变体形式，我们可以在印度最古老的硬币上看到，就是那八个非常漂亮的莲花图案，它们的花心是一个圆，花瓣上有四个金牛座，如果你知道得金牛座的标志是一头牛的话，那么这儿就暗指的是佛陀一生中重要的人生时刻。这个图案非常具有装饰意味，并且也让人容易理解，但是我们仍旧不能确定为什么在莲花上还出现了盾牌的形象。

（c）这两种方向的尝试，并没有人带我们走的太远。在印度人眼中，散花和其他有美好象征意味东西总是会联系起来，如装满水的大水壶，喷着水，叶子、花苞、和花朵以最欢快的方式排列着。那些雕刻师们至少在 15 个圆形浮雕和 5 个半圆形浮雕上用了这样的装饰。没有加其他东西，并且根据惯例，旁边还有盾牌，圣鹅，和带翅膀的狮子等等。

（d）正常的图案发展步骤应当是，首先那些工匠们开始敢去尝试表现佛陀的降生，至少是表现出他的母亲，摩耶夫人应该坐在一朵莲花之上，事实上，我们在 1 号舍利塔南塔门上看见的就是这样。但令人惊奇的是我们在古老的栏杆上并没有找到这些图案演变的中间阶段，我们前面已经讨论过的两个图案理论上应当是晚一些之后才出现的，在这里我们只能说在艺术的世界里是不能讲逻辑的。

（e）这类更为精美的塑像，首先出现了一个女性形象，就是摩耶夫人，她以一个站立的姿势，手中拿着一个莲花茎。还有一个比较有意思的变体，表现的是她紧握双手，有两个随从陪伴左右，一个在她的右边拿着一把伞和一个净水瓶，另一个在她的左边拿着一个掸子，这代表了她皇族的身份，同时也代表婴儿时期的佛陀。三个人后边的背景都是莲花，一般来说，王后的右手拿着莲花，左手提着衣服的边缘。和我们预想的相反，她并没有站在莲花之上，只是后来在修复的时候给她加了一个莲花的底座，或许是为了与阿泽斯的硬币图案相一致，并且有一朵莲花围绕女主角头部周围，这标志着她就是摩耶夫人而不是一位普通的夜叉女。我们也要避免进入误区，就是认为所有的女性形象都是摩耶夫人。不过我们也需要承认的是，如果没有巴尔胡特的题记经常帮助我们，我们也很容易，把一位手抓在树上的小仙女认为是摩耶夫人。这个形象与佛经里面的记载非常一致，在犍陀罗和后来其他很多地方都是这个形象。

在印度造像发展到最成熟的时候，留给我们摩耶夫人的形象，恰恰相反，是非常老套的一个正面像。如果再追溯到更早的时候，她的形象表现更有意思，并且这非常值得一提，在阿泽斯硬币出现的很久以前，2 号舍利塔的高台和平地上的栏杆早就已经出现了。从那时起摩耶夫人就已经站在莲花之上了或者是有一个莲花型的基座，并且就像佛经里记述的那样，还有两只大象，用鼻子卷着净水瓶给她看不见的孩子也就是刚出生的佛陀进行第一次沐浴。在菩提迦叶和巴尔胡特甚至在桑奇我们看到的就是这样。婴儿佛陀的出现标志着在表现圣迹的创新和进步，不过这种进步，还需要等到犍陀罗。虽然中印度的艺术家从来没有迈出这关键的一步，但也不能忘记他们曾经非常大胆和成功地将传统的图案主题嫁接到佛教图案之上。但这次的情况不同，这不仅仅只是将已经变得陈旧的图案重新焕发活力，很明显，他们在试着将圣迹表现得更加详细，用莲花来代指佛陀的降生已经不能使那些出资人满意了。为了满足他们的需求，工匠师们试着让图像表达的意思更明确。首先，加入更多符号；接着，表现出佛陀的母亲；最后，再添上两只大象，来表现佛陀降生时的沐浴。

在其他传奇画面上我们也发现了这种趋势，就是对那些艺术陈规进行进一步阐释来纪念它们。我们会在由三部分情节组成的第一圣迹画面里面看到这种趋势，但没有直接表现出来。貌似当时的工匠在那么早的时候就已经探索出最佳的方法来展现这个场景。在桑奇古老的栏杆之上，我们发现了佛陀降生的两个替代画面，一个是乘象入胎，另一个是夜半逾城，一共是两个传奇场景。毫无疑问的是，这两个传奇事件都发生在迦毗罗卫城。我们也可以很清楚地看到在最初的时候，信徒们也在这三个主题间摇摆不定，不知选择哪一个来表现。根据印度人的观点，在释迦牟尼进入涅槃前的十个月，标志着他在地上最后存在的开始，在他退出娑婆世界进入极乐世界的时候，对于信徒们来说这是一个非常重要的时刻。那些虔诚的工匠在早期表现三大圣迹时，用大象来表示乘象入胎，用莲花代表佛祖的降生，用马带表夜半逾城，后来佛教艺术将其变得越来越明确。在桑奇和巴尔胡特的工匠们也用的是这些符号，后来在阿马拉瓦蒂的石柱上，也有圣迹图案，同时用佛陀降生和夜半逾城来填满那些嵌板。在贝拿勒斯，也有这样两个画面且以同样的布局，并且有时还有乘象入胎。加提的莲花，那出生的标志，在最初的时候肯定占据了画面最主要的部分。在古老舍利塔周围的扶手上也可以看见，但是还有在加毗罗卫城发生两个圣迹，后来并没有出现。剩下的一个我们也可以辨认出来，就像前两个一样，在后来不同阶段连续出现。

最早出现的地方应当是 3 号舍利塔平台之上的栏杆，仅仅只有一匹马，没有鞍具，背景是空白的圆形浮雕。这充分体现了早期佛教艺术概括和抽象的特点。但是在同一个地方，b11 号立柱之上的圆形浮雕，马背上就出现了莲花图案。

图三十 三号舍利塔及其装饰图案

去解读这些不清楚的画面，是一件几乎靠猜的工作。但是当我们在研究 2 号舍利塔栏杆 74b 号立柱的时候，通过类比，我们得到了一些更为确定的东西，得再次感谢巴尔胡特，还有桑奇的南塔门跟东塔门。事实上我们在两个地方都有看到带马鞍和马勒的马，在他们的前面是马夫车匣，正在举着一把伞，这表现着隐形出现的菩萨，并且只有车夫两只手都抓着伞，也就是没有办法拿其他东西的情况下，如净水瓶，才表达的是这个意思。最后毫无疑问的是，艺术家们塑造了一个飞行着戴着花环的紧那罗形象，还有其他的花环和两个莲花丛组成了这件圆形浮雕。这个地方肯定是不会认错的，这是一幅完整的画面，至少，他把佛教徒们最初所认为的，即使是建造了东塔门的工匠们都不能再加入何东西的画面，一座城市和众神的随从。

研究到这里，我们又遇到了另一个问题，这个问题的重要性比这三个圆形浮雕表面上的内容更吸引人。这三个圆形浮雕都有一个共同点，就是马上都有骑手，这看似非常自然的事情却给我们带来了意想不到的问题。我们很自然想到这是乘象入胎主题的再发展，通过与我们刚才已经讨论过的佛陀降生图案作类比，设计者们最后把摩耶夫人放在了莲花之上。在这儿表现的是佛陀在马上拍着菩萨，这又一次表明了人们想重新表现和明确

141

那些古老主题的趋势。如果需要的话还会加入人物形象。需要注意的是，两个圆形浮雕上所展示的骑手都是一个侧面的形象，背景是莲花。我们只能认为这里暗指的是菩萨，它们的相似性又让我们觉得第三个图案也是这个意思。我们只能做到这一步了，但我们可以在这里确定的是，在巴尔胡特，在桑奇的塔门上和在阿玛拉瓦蒂早期的浮雕上，佛祖涅槃之后何时开始出现菩萨的形象。我们必须要承认的是在桑奇，那些石匠们也是一些创新者，他们有能力来构想并创作出这些大胆的东西。但后来在艺术家中找不到模仿的人，在信徒们中也找不到支持的人，或者就是这些圆形浮雕的设计者们一点也没有创新意识，只是构想了一些装饰的变体，那些长久以来被塑造的马的造型，就和82a号上的马一模一样，一个人头马身的形象。他们已经把这个秘密带到了坟墓，我们不能从现存的遗迹里得出任何结论，但是我们必须要承认的是，这些人头马身的形象给专家们提供了丰富的材料去思考。我们也不能忘记的是，不管是巴尔胡特的工匠还是桑奇的塔门在本身故事里都没有回避表现未来佛的形象。他也出生于皇家，就和年轻的乔达摩悉达多一样，并且艺术家们也没有任何的犹豫，给这位王子也和佛祖释迦牟尼同样的样子和服饰，佛陀的王子形象对那些工匠们来说是很熟悉的。从另一方面来说，在阿玛拉瓦蒂的雕刻上，乔达摩悉达多最终骑着他的马离开皇宫的时候，他的造型明显受到了印度西北地区文化的直接影响，从整体来看，我们可能永远不知道马背上这三位骑手的确切身份，同时他们比起74b号立柱上的马和马倌，也显得不那么重要。

在我们停止讨论佛陀早期生活之前，除了那具有象征意味的马，接下来就是牛了。我们对其能确定的认识，可以总结为以下两点，一点是在古老硬币上的牛看起来就像是与莲花相对应出现的形象。有五样东西经常同时出现，莲花，牛，树，法轮和舍利塔。其中有三样代表最后的圣迹，那么剩下的两样肯定代表的是刚开始的两个圣迹。第二个事实是支持一种组合，一件非常详细的犍陀罗雕刻现藏于舍尔巴赫博物馆，是把牛放在了太阳和月亮的中间来表示涅槃。我们知道，接下来的事件就是乘象入胎，在春天 4 到 5 月之间，实际上曾经出现过牛的圣迹，但是这些非常不明确和不直接的启示，可能是依照有错误的佛经制作的。这里我们只能说，在所有的情况之下牛，大象，马和狮子加在一起，共同组成了传统四大神圣动物，因为他们都是星象的化身而互相联系起来，在未来佛精神和身体双生的日子。

但当我们回到迦毗罗卫城，最后的三大胜迹就没有这些困惑和复杂了。在其他三个圣地所有东西在一开始都很简单。信徒们只供奉了一种偶像，也只有一个人声称自己是这些偶像的制作者，这些偶像被原样传播。当然我们一方面要寻找这些偶像的变体，另一方面，他们有一种强烈的意愿，就是用非同寻常的细节去丰富这些画面，但从来不会对基本主题怀疑。我们很容易就会找到一个例子，在 27 号立柱修复过的嵌板上，人们很容易发现它与 5b 号立柱和 66c 号立柱的主题是一模一样的。后来的两个经幢，给我们提供了也许是现存最有代表性的古代石刻菩提树形象，他们与古老硬币上的菩提树很相似。在两个地方，我们都仅仅找到了一幅关于神圣无花果树的画面，66c 号栏杆画面呈对角分布朝向下方，在 5b 号立柱上也有一个这样的图案。在菩提树的底下，有一个伞状基座，并且有两身紧那罗在天空中飞翔。我们再次注意到，这些浅浮雕向我们展示了一个宝座，有意地放在了扶手的前边，这应该表达的是佛陀坐在菩提树下。在菩提迦叶，我们依然可以看到在神圣无花果树之下有一块石板被两个小女像柱支撑着的情景。

这些古老图案一个显著的特征是，它们很精确的重现了那些伟大圣迹。这对于我们来说，看起来是非常忠实于那种精神，如果不是依照佛经的话，那就是古老的朝圣精神。在菩提迦叶 5b 号立柱和 66c 号立柱上的树明显不仅仅是一棵榕树，意思很明显，它表示的就是佛陀的出现。相似的是，表示戒律的轮子，在 3a，5a，44b，66b 的立柱之上，不仅仅只是一个法轮，阿育王在初转法轮的地方树立了一个立柱，柱头是狮子，在鹿野苑考古发掘的时候重新被发现，我们认为很多地方就是从这里模仿过去的，不仅仅是那些古老硬币上有，我们在很多栏杆上，如在 13b 上也有看到。阿育王建有一个石质的宝座，有夜叉做支撑，就像在菩提迦叶的一样，一个法轮放置在一朵莲花之上，一般来说，我们并不认为那些古代的工匠经常注重表现图像的精确性，如果那样做的话理解他们做的图案变体就有困难。在 3a 和 4b 号立柱展现了狮头之后，他们开始使用大象来替代这些狮子或者是大象和狮子混合出现。我们还要关注到他们对装饰的狂热。所以我们也不需要去深究在立柱顶端有雕刻成了钉子形状莲花的真实性，他们在以前是用作挂花环的。另一方面，人们总是不禁去猜测在这些漂亮的装饰图案之下，有没有隐藏着传统的记忆。在初转法轮的园子里，动物们都背靠背安置在这些莲花之间，它们填满了 5a，44b 和 6a 号立柱的底座，有的部分还有羚羊，有时还有牛在 66b 上。还有一次两只狮子在 5a 上出现，对于前者貌似这种联系比较弱，但有一个更明显的关系应当被注意到，就是狮子和狮子吼，在佛经里有意地把佛陀第一次讲法称之为狮子吼。有一个事实或许能够来论证这个观点，我们又一次在 3a 和 1c 底座处发现了狮子，在一只蹲着的鹿上方，面对面。我们也应当注意到试着把一个问题深究下去，就像背靠背的动物，狮子或是羚羊，或多或少会发现，他们有一点被机械的使用，在佛陀降生的画面之下出现过，在涅槃画面之下也有。

或许可以预想到，我们会再次见到同样的现实主义跟花式变体的四大圣迹图案，就像在前面讨论过的那两个一样。在拘尸那迦的舍利塔，很明显是代表着伟大导师的死亡。在古印度，甚至在阿马拉瓦蒂，舍利塔都是涅槃的象征。在犍陀罗这个地方，可以看到最早的佛祖涅槃侧卧姿势的图案。当然，我们也不应该期望在 2 号舍利塔或者是 3 号舍利塔的栏杆之上找到与拘尸那迦相同的画面，那样的话就太天真了。尤其是两个建筑非常的不一样。但是这两处地方和桑奇有很明显的相似性。对建筑感兴趣的人肯定会注意到它们的特征，比较古朴的那一个在地面上有一圈围栏，在顶上还有一圈，还有一个伞盖。另一个是在底部有两个围栏，在顶部有一个平头，并且顶部的栏杆已经趋于变成一个普通的哈米噶。

　　随着圆寂的出现，古代桑奇工匠们的传奇故事也接近了尾声，我们的研究也应该在此停止。但是，也留下了很多工作，去继续论证前面讨论过的四大圣迹图案。还有从整体上来看，它们是互相连联系的，有佛教的核心在所有装饰图案里边。尤其是那些栏杆上的东西，他们出现在四个入口处，我们经常发现它们成组出现。在东塔门的修复工作也没有改变这些规则。就像在西塔门和北塔门上的一样，我们看到了佛陀降生，降魔成道和初转法轮。在南塔门并没有出现正觉，但是根据印度古老的封建迷信，南边代表着阴间。这里用涅槃来替代，实际上在其他地方没有，接下来就是这些石碑。

　　有必要指出的是，根据这些普遍联系带给我们的解读，我们到底有多大程度的把握将他们互相之间的联系最后形成了一个连贯的整体，其他的证据会在一号舍利塔四个大塔门上看到，我们又会再一次找到相同的主题，仅仅只是更为成熟而已。

后　记

　　每年的七月都是敦煌最热的季节，但今年的天气却出奇的好，不仅不热，而且不躁，是我自到敦煌三十多年来最为惬意的一年的七月。这种惬意不仅仅来自于上天的眷顾，更是我心境的写照。也许是年龄大了的缘故，便总想寻找一种落脚的归宿，也算是对自己之前工作和生活的小结，抑或是整装。

　　30年前，为了或多或少的理想，我从素有陇上江南之称的天水来到大漠深处的敦煌，虽然都同在甘肃，但天壤之别的地理环境，令初到敦煌的我还真有点接受不了。因为我有相对扎实的英语基础，所以在讲解员的工作岗位上很快就独立承担起了英语讲解的工作。每天面对远道而来的外国游客，看着他们好奇的眼神，慢慢地觉得自己好像变成了敦煌的一分子，再也没觉得"西出阳关无故人"了，而倒是满满的崇敬。所以，每当面对游客的时候，我着实想把我知道的东西一股脑儿全告诉给他们。毕竟学识所限，每每被问到专业一点或深一点的问题的时候，我便不知所措。从那时起，我就立志不仅要掌握好英语这门语言工具，更要学习一些佛教考古方面的知识，尤其是要读一些大师的名著。

　　2008年，我调到考古研究所工作，便多了接触这些大家和大作的机会。2010年的一天，考古研究所前所长刘永增先生带我和同事武琼芳到院信息中心查阅资料，无意间翻到约翰·马歇尔编著的英文版《桑奇遗迹》，我被其丰富的内容深深地吸引了，当翻完厚厚的三本原著时，不知从哪来的勇气竟然冲着老所长喊了一声："我要翻译它"。估计当时的情形尴尬无比，因为我知道老所长和武琼芳很清楚我的"半斤八两"。

但我始终没有忘记我说过的那句话，我一定要把《桑奇遗迹》翻译出来。在后来的翻译过程中，我越来越觉得力不从心，甚至有过放弃的念头，因为这本书太专业了，知识量太大、内容太丰厚了。在敦煌研究院领导们的关心下和支持下，在院考古研究所前所长刘永增、现任所长张小刚、文献研究所所长陈菊霞、信息中心主任张元林、信息中心副主任夏生平等先生的鼓励下，在新加坡学者袁键老师和《丝路艺术》主编毛铭博士的指点下，在同事武琼芳、戴生迪、冯洁和赵燕林以及院信息中心同仁们的帮助下，今年年初终于将此书第一本的上半部分完整地翻译了出来。尤其是因为原著开本过大，无法扫描时，所有图片的拍摄工作几乎都由刘永增先生帮助完成。在此，对他们的热心帮助表示最衷心的感谢。

本来想，等所有内容全部翻译出来以后再出版。但又一想，那这本书就太厚了，而且需要的时间有点太长，连我自己都等不及了。于是，在敦煌文艺出版社李恒敬多次提议下，还是觉得应该将马歇尔《桑奇大塔》的上半部分首先出版出来。一是对自己之前的翻译工作的阶段性总结；二是方便阅读，因为现出版的前半部分较为全面地介绍了桑奇遗迹的状况，是提纲性的部分。所以，便决定先把这部分先行出版，看着沉甸甸的铅字，再进行后续的翻译工作，对我来说无疑也是一种莫大的动力。也许，这也是约翰·马歇尔先生愿意看到的。

1912 年，考古学家约翰·马歇尔（John Hubert Marshall）对桑奇佛塔作了全面的修复与考古清理工作，并对桑奇佛塔进行了长达十多年的调查研究，在此基础上写出了《The Monuments of Sanchi》的一、二、三卷巨著。其中，《The Monuments of Sanchi》第一卷是最翔实、最权威的桑奇大塔的考古研究报告，它记录了桑奇大塔的历史、艺术以及现存的状况。

书中绝大部分都是首次公开的图片资料，它的出版让世人真正了解到了桑奇大塔的重要历史价值。出版后在学术界引起了强烈的反响，广受好评。这部著作也是现今仅存的对于桑奇大塔的研究著作。关于对桑奇大塔的研究，还有一些日本的研究成果和资料，但均为日文版。目前国内还没有完整的关于桑奇大塔的中文著作或译著。所以，对于此书的翻译出版，我最大的希望就是能对国内关于桑奇大塔的研究，以及对于印度佛教美术史、建筑史的研究做出哪怕一点点的贡献。

但限于本人的学识水平，错误和疏漏在所难免，敬请各位方家和读者批评指正。

在此，对一直以来支持我坚持这项翻译工作的所有领导、同事、朋友及家人表示最衷心的感谢！对我在翻译过程中帮助过的所有人表示诚挚的谢意！在出版过程中对帮助过我的敦煌研究院的各位老师表示最崇高的敬意！

马兆民于莫高窟

2017 年 7 月 26 日